Vermeidbarer Stress

101 Begebenheiten
von Nico Fickinger

NEUSCHNEE-VERLAG HAMBURG

Bibliografische Information der Deutschen Nationalbibliothek:
Die Deutsche Nationalbibliothek verzeichnet diese Publikation in der Deutschen Nationalbibliografie; detaillierte bibliografische Daten sind im Internet über dnb.dnb.de abrufbar.

Dr. Nico Fickinger, Ulmenstr. 46, 22299 Hamburg

Titelillustration, Gestaltung, Satz: Birgit Hochleitner, Hamburg
Korrektorat: BoD – Books on Demand, Norderstedt
Herstellung: BoD – Books on Demand, Norderstedt

Die Publikation und Distribution erfolgt im Auftrag des Verlags:
Neuschnee-Verlag, Ulmenstr. 46, 22299 Hamburg

ISBN: 978-3-911384-00-1

Inhalt

Wieso Neuschnee-Verlag?

Um die vielen nicht zu entmutigen, die aus einem inneren Antrieb künstlerisch tätig sind – im Wissen, ein Leben lang vielleicht zu den Guten, aber nie zu den Besten und Berühmten zu gehören. Immer werden die Fußstapfen derjenigen sichtbar bleiben, die Größeres erreicht haben. Doch das ist kein Grund zu verzagen, sondern Ansporn, es weiter zu versuchen. So hat es Kurt Tucholsky unter dem Pseudonym Kaspar Hauser am 7. April 1931 in der Zeitschrift „Die Weltbühne" formuliert und damit unserem Verlag seinen Namen gegeben:

„Und immer sind da Spuren, und immer ist einer dagewesen, und immer ist einer noch höher geklettert als du es je gekonnt hast, noch viel höher. Das darf dich nicht entmutigen. Klettere, steige, steige. Aber es gibt keine Spitze. Und es gibt keinen Neuschnee."

Während der Arbeit an diesem Verlagsprojekt kam ein zweiter Gedanke hinzu: Neuschnee ist ein Naturereignis. Er legt sich wie ein glänzend weißes Laken über das gefrorene Land, überdeckt alles Unebene und Unansehnliche und schützt, einem Pflaster gleich, alte Wunden davor, wieder aufgerissen zu werden. Fürwahr eine schöne Vorstellung: dass auch die Bücher dieser Reihe ihre Leser in eine sanfte, friedvolle Stille versetzen und zu klarem Denken anregen könnten.

Auf Flugreisen

1

Stehen Sie in der Schlange, um Ihre Koffer aufzugeben, lassen Sie möglichst große Abstände zwischen Ihnen und Ihren Vorderleuten. Das macht die Schlange optisch viel länger, sorgt für gute Stimmung unter Ihren Mitreisenden und gibt den Gewieften überhaupt erst die Chance, sich noch irgendwo dazwischenzudrängeln. Nur so wird die Abreise ein spannendes Abenteuer.

2

Wenn Sie sich langsam dem Sicherheits-Check nähern, sollten Sie noch während des Abschnallens des Gürtels telefonieren oder beim Entkleiden so lange innehalten, bis die letzten Details mit Ihrem Gesprächspartner geklärt sind. Danach überraschen Sie das Sicherheitspersonal mit der Frage, ob Sie wirklich auch den Schal und die Jacke ablegen müssen. Haben Sie ein Notebook dabei, ziehen Sie es erst nach mehrmaliger Aufforderung heraus und quetschen es dann möglichst noch in die randvolle Plastikschale. Den größten Überraschungseffekt erzielen Sie allerdings, wenn Sie Ihre Bordkarte erst umständlich wieder aus dem bereits durchleuchteten Gepäck herausfingern müssen.

3

Gerade auf Flugreisen gilt es, Dehydration unbedingt zu vermeiden. Schleppen Sie deshalb ihre 1,5-Liter-Plastikflasche möglichst lange mit sich herum und fühlen Sie sich erst unmittelbar vor Betreten der Abfertigungszone bemüßigt, sie hastig zu entleeren. Am besten tut man das in einem großen Pulk vor der elektronischen Bordkartenkontrolle. Dieses Gruppentrinken bietet zwar nicht die Geselligkeit, die sich unter anderen – alkoholisierten – Umständen in einem Pub einstellen würde, gleichwohl kommt so etwas wie ein erstes zartes Gemeinschaftsgefühl auf, das Sie kurz darauf beim Anstehen am Bodyscanner gerne vertiefen können. Wie gut, dass Sie in stummer Verbundenheit bereits als Brüder und Schwestern im Geiste die Schranke durchschritten haben.

4

Natürlich gelten die Hinweise der Fluglinien, dass nur ein einziges Handgepäck mit den Maßen 55x40x25 cm erlaubt ist, nicht für Sie. Sie dürfen weiterhin hoffen, neben dem überdimensionierten Rollkoffer auch noch einen über die Schulter geworfenen prall gefüllten Rucksack, eine Plastiktüte mit den Last-minute-Einkäufen aus dem Duty-free-Shop und ggf. noch eine Handtasche mit an Bord nehmen zu können, den dicken Wintermantel noch gar nicht eingerechnet. Falls das Sicherheitspersonal nicht mitspielt, sollten Sie in jedem Fall viele Minuten lang über die Ihnen widerfahrende Ungerechtigkeit diskutieren und dann böse fluchend das Weite suchen, um das Zusatzgepäck aufzugeben. Noch schöner ist es allerdings, wenn Sie sich nicht von der Stelle bewegen und den Vorgesetzten des Bodenpersonals zu sprechen verlangen. Das kostet sicher einige Mitreisende ihren Anschlussflug. Geteiltes Leid ist doppelte Freude.

5

Haben Sie Ihren Abflugsteig erreicht, sollten Sie sich möglichst früh einen guten Platz am Abfertigungsschalter oder in der Warteschlange sichern – für Sie natürlich immer nur die Fast Lane, auch wenn Sie kein Ticket für das Priority-Boarding gelöst haben. Sonst hebt das Flugzeug am Ende noch ohne Sie ab. Überhören Sie geflissentlich die flehentliche Aufforderung der Fluggesellschaft, nach Boarding-Gruppen einzusteigen, um den Passagierstrom wenigstens etwas zu kanalisieren. So ein Aufruf ist nur ein gut gemeinter Ratschlag, den Sie getrost ignorieren dürfen. Ein wichtiges Gesicht hat noch immer den richtigen Aufdruck auf der Bordkarte ersetzt. Und Drängeln ist immer eine gute Lösung, die sich vor allem dann auszahlt, wenn Sie erst noch in einen Zubringerbus einsteigen müssen, der Sie zum Flugzeug fährt. Hier ist dann höchste Anspannung gefragt, um Ihre Pole Position beim Einsteigen zu verteidigen.

6

Beim Verlassen des Zubringerbusses ist es nicht nötig, einen Blick auf die Bordkarte zu werfen, um festzustellen, ob Sie zum Einsteigen in das Flugzeug lieber die vordere oder doch besser die hintere Treppe nehmen sollten. Auch Platz 36 A ist gut durch den Vordereingang zu erreichen, wenn man ein wenig Zeit mitbringt. Erst so kommt das richtige Urlaubsgefühl auf.

7

Auch innerhalb des Flugzeugs wird das genaue Studium der Bordkarte überbewertet. Setzen Sie sich ruhig zunächst auf Platz 5 C, um dann zu merken, dass es doch 25 C war. Wenn Sie auf 18 B eingecheckt sind, aber lieber auf 32 A sitzen möchten, lässt sich das sicher auch noch an Bord regeln. Der beherzt vorgetragene Satz „Sie sitzen auf meinem Platz" wirkt oft Wunder. Und wenn dieser Platz nicht auf Ihrer Bordkarte aufgedruckt ist, helfen die freundlichen Flugbegleiterinnen gerne weiter, auch noch lange nach dem Start. Zurückgelassen wird ja bekanntlich niemand, allenfalls etwas Gepäck.

8

Reisen Sie mit Familie oder in einer größeren Gruppe, sollten Sie es sich nicht nehmen lassen, spontan zu entscheiden, ob der Sohn oder lieber die Tochter den begehrten Fensterplatz erhalten soll. Der Hinweis auf der Bordkarte ist nur eine unverbindliche Empfehlung, die Sie in Ihrer erzieherischen Freiheit unnötig einschränkt. Nutzen Sie also den Spielraum zur Maßregelung Ihrer Lieben („Jan-Philipp, du hast gerade so viel gemeckert, nun darf Sophie-Charlotte ans Fenster!") und lassen Sie sich nicht zu übereilten Entscheidungen drängen. Je mehr Fluggäste an Ihrem familiären Diskurs teilhaben, umso mehr hilfreiche Ratschläge erfahrener Eltern werden Sie erhalten.

9

Zu kurz geratene Familienmitglieder wollen nicht aufgrund ihrer Körpergröße diskriminiert werden. Platzieren

Sie also ruhig die kleinwüchsige, schmalarmige Tante am Gang und erfreuen Sie sich an ihren hilflosen Versuchen, das viel zu schwere und viel zu sperrige Handgepäck in die Ablage zu hieven. Gerne hilft ein Mitreisender, und schon ist das Eis gebrochen, um die Reise mit einer kurzweiligen Unterhaltung zu beginnen.

10

Besonders hoch in der Gunst stehen Reisende, die ihren Rucksack auch im Gang nicht ablegen und diesen deshalb bei jeder Drehung den bereits Sitzenden ins Gesicht schleudern. Wollen Sie an diesem Spektakel nicht nur als Zuschauer, sondern als unmittelbar Betroffener teilhaben, achten Sie unbedingt darauf, einen Platz am Gang (im Single-Aisle-Flieger meist mit den Buchstaben C oder D gekennzeichnet) zu erhalten.

11

Insbesondere wenn Sie frühzeitig die Kabine erreicht haben, breiten Sie Ihre Sachen nach Herzenslust in der Ablage aus. Daher gehört der Wintermantel unter keinen Umständen *auf* Ihren Koffer, sondern immer und in jedem Fall *daneben*. Wer noch vor dem Frühstück die Sonnenliege am Pool mit seinem Handtuch zu belegen weiß, wird auch diesen Kniff schnell erlernen. Und verstauen Sie den Koffer keinesfalls längs in der Ablage, sondern unbedingt quer. Nur dann haben die Spätankömmlinge etwas zu räumen, und Sie können dabei amüsiert zuschauen. Wer zu spät kommt, den bestraft ... – Sie wissen schon.

12

Sollten Sie noch vor dem Start aufstehen müssen, obschon die Anschnallzeichen bereits eingeschaltet wurden, erheben Sie sich mit einem kräftigen Ruck aus Ihrem Sitz, machen ein paar Schritte in den Gang und bemerken erst dann, dass das Hinweiszeichen erleuchtet und die Toilette verschlossen ist. Kehren Sie unverrichteter Dinge zurück auf Ihren Platz, allerdings nicht ohne auf dem Weg noch an einige Sitzlehnen anzustoßen. Schließlich haben nicht nur die freundlichen Flugbegleiterinnen mit ihren Getränkewagen das Recht, Mitreisende zu rammen.

13

Vor dem Start ist auch die richtige Zeit, um alle wichtigen Vorkehrungen für mitreisende Säuglinge zu treffen. Nutzen Sie die erwartungsvolle Anspannung vor dem Abheben, um die Flugbegleiterinnen um etwas Wasser für das Fläschchen zu bitten oder die mitgebrachte Milch zu erwärmen. Auch wenn das Kabinenpersonal gerade den Abflug vorbereiten muss, kann die Fütterung keinesfalls warten. So spontan wie Ihr Baby sind Sie allemal.

14

Hat das Flugzeug endlich abgehoben und sind auch die Anschnallzeichen erloschen, werten Sie das bitte nicht als Signal zur friedvollen Entspannung. Kommen Sie auch nicht auf die Idee, den Rest des knapp einstündigen Geschäftsfluges seelenruhig in Sitzungsunterlagen oder genussvoll in ein gutes Buch vertieft in Ihrem Sitz zu verbringen oder gar die handyfreie Ruhepause für ein kurzes Nickerchen zu missbrauchen.

Zeigen Sie vielmehr allen Mitreisenden, welch umtriebiger Geist Sie sind und wie viel Energie in Ihrem Inneren brodelt. Springen Sie also, kurz nachdem die Reiseflughöhe erreicht wurde, aus Ihrem Sitz auf, um aus der Gepäckablage ein wichtiges Schriftstück oder das Notebook herauszufingern. Beim weiblichen Geschlecht sind, weil es gerne fröstelt, auch wärmende Foulards beliebt, die, aus einer unbedachten Laune heraus zuvor eilig verstaut, rasch wieder ihren Weg zurück um den Hals der Damen finden. Ungeübte Wenigflieger und Pauschaltouristen sind in der Lage, solche Auspack- und Wiederverstau-Orgien dutzendfach zu wiederholen und dadurch eine Reise äußerst kurzweilig zu gestalten. Es kommt ja auch gar nicht darauf an, welches Utensil fälschlicherweise in der Ablage landete und später von dort wieder mühsam hervorgekramt werden muss. Hier geht es lediglich darum, im Bewegungs-Flow zu bleiben. Denn wer rastet, der rostet.

15

Auch als Kapitän können Sie einiges zum Gelingen des Fluges beitragen. Da Ihr Erster Offizier ja vollends mit dem Steuern der Maschine ausgelastet ist, genießen Sie Ihr Privileg, die Reisenden gerade dann, wenn sie es sich in ihren Economy-Sitzen bequem gemacht und zum Dösen eingerichtet haben, mit einer klirrenden Ansage („Hier spricht Ihr Kapitän") aus dem behaglichen Dämmerschlaf aufzuschrecken. Dankbar und erleichtert nehmen die so brutal aufgestörten Passagiere sodann zur Kenntnis, dass Sie bloß die Reiseflughöhe durchgeben (selbstverständlich in Fuß, damit Rätselliebhaber sich an der Umrechnung in Meter versuchen können), an das Rauchverbot auch in den Gängen und Toiletten erinnern und die Fensterplatz-Inhaber auf demnächst zu überfliegende Städte hinweisen möchten, von denen man freilich – da die Maschine von nächtlicher Dunkelheit umgeben ist – nichts anderes erkennt als ein anonymes Lichtermeer. Wenn es nicht so rabiat klänge, wie erfrischend wäre stattdessen folgende Ansage: „Meine Damen und Herren, wir fliegen Sie jetzt nach Paris. Also bitte hinsetzen, anschnallen und den Mund halten. Wir melden uns erst wieder, kurz bevor wir das Ziel erreichen."

16

Sobald sich die Maschine im Landeanflug dem Zielflughafen nähert, sollten Sie bereits Ihr Mobiltelefon einschalten und Ihren Abholern durchgeben, dass Sie pünktlich landen und gleich da sein werden. Eine noch in der Luft gestellte Frage nach dem Abendessen oder der Gemütsverfassung Ihrer zu Hause wartenden Lieben verstärkt das Vor-Gefühl des Angekommen-Seins auf angenehmste Weise.

17

Beim ersten Bodenkontakt der Maschine lösen Sie bitte sogleich die Sicherheitsgurte und springen auf, um Ihre Habseligkeiten aus der Gepäckablage zu nesteln – noch lange, bevor die Maschine ihre endgültige Parkposition erreicht hat. Bei diesem Vorgang können Sie zeigen, dass Sie Ihre Lektion gelernt haben und inzwischen die wichtigsten Bewegungsmuster im Kabinengang mühelos beherrschen: Rütteln oder stoßen Sie an die Vordersitze und werfen Sie sich den Mantel mit solchem Schwung um, dass er das Gesicht der auf C oder D platzierten Mitreisenden trifft – selbstverständlich, ohne diese dafür um Entschuldigung zu bitten, ja in der Regel sogar, ohne diese textile Ohrfeige überhaupt zu bemerken, schließlich sind Sie schon seit langem wieder in ein wichtiges Telefonat oder vorfreudige Gespräche mit Ihrer wild durcheinander schnatternden Reisegruppe verwickelt. Die Durchsage der genervten Purserin, man möge das Gepäck bitte wieder zurück in die Ablagefächer verstauen, weil sonst das Flugzeug nicht zu seiner Parkposition vorfahren dürfe, ignorieren Sie bewusst und lassen es einfach drauf ankommen. Sollte an dieser Drohung wirklich etwas dran sein, wird sicher bald eine genervte Stewardess herbeieilen und Ihnen diesen lästigen Job abnehmen. Gerade nach einer Reise mit Fluggästen wie Ihnen sehnt jede Crew so schnell wie möglich den Feierabend herbei.

18

Sollten Sie bei der Rückkehr ins Flughafengebäude wieder auf einen Zubringerbus angewiesen sein (für die Eingeweihten frühzeitig am Codewort „Außenposition“ erkennbar), nutzen Sie zum Ausstieg mit der gleichen Beharrlichkeit wie zuvor schon beim Einsteigen wieder die vordere Türe – auch wenn Sie auf 36 B sitzen und hinter Ihnen alles frei ist. Das wäre ja noch schöner, wenn man Ihnen vorschreiben wollte, wo und wie Sie das Flugzeug zu verlassen haben.

19

Im Zubringerbus verteidigen Sie erbittert Ihre hart erkämpfte Position, auch wenn Sie damit das Schließen der Türen blockieren oder das Einsteigen weiterer Fluggäste verhindern. Durchgehen oder Aufrücken ist keine gangbare Alternative. Platz hat man nicht, Platz nimmt man sich – wer wüsste das besser als Sie? Daher würdigen Sie beim Durchschreiten der Ankunftshalle vor allem jene Menschen mit besonderer Wertschätzung, die die Verspätung Ihres Fliegers sinnvoll genutzt haben, um sich auf dem Steinboden des Wartesaals häuslich niederzulassen, die Füße weit von sich gestreckt und die leeren Biergläser noch in Reichweite der fleischigen Arme. So enger Bodenkontakt erdet die Betroffenen – und verschafft all jenen Reisenden, die sich später im Flieger mit diesen eine Sitzreihe teilen werden, schon jetzt eine wohlige Vorfreude auf intensiven Körperkontakt.

Auf Bahnreisen

Für Bahnreisende gelten im Grunde die gleichen Regeln wie für Flugreisende, allerdings gibt es ein paar Besonderheiten, deren Genuss exklusiv den Freunden des Schienenverkehrs vorbehalten ist und die dazu beitragen, dass Sie sich im Waggon der Deutschen Bahn fast schon wie zu Hause fühlen können.

20

So ist, anders als hoch über den Wolken, die Benutzung Ihres Mobiltelefons nicht nur über weite Strecken möglich, sondern durchaus erwünscht. Wer selbst keine Intimsphäre hat, braucht auch die der anderen nicht zu respektieren. Nutzen Sie also die Reisezeit, um gut hörbar für alle Mitreisenden Ihre Geschäfte abzuwickeln, Verkaufsorders für Aktien durchzugeben, sich über die schulischen Leistungen Ihrer Neffen und Enkel auszutauschen, den Tratsch der Nachbarn zu kommentieren, mit bedeutsamer Miene Ihrer Sekretärin banale Anweisungen zu erteilen oder einfach das Gespräch mit Ihrem Liebsten fortzuführen, von dem Sie durch die Abreise so brüsk getrennt wurden. Haben Sie Zweifel, ob tatsächlich alle mithören können, halten Sie sich das Handy lieber mit eingeschaltetem Lautsprecher ans Ohr. Seien Sie versichert: Wenn Sie nur eine ausreichend hohe Lautstärke wählen, werden Ihre Abteilgenossen rasch ihre Bücher oder Laptops zuklappen und Ihnen ihre ungeteilte Aufmerksamkeit widmen: So viel Zeit muss sein.

21

Auch unangenehme Telefonate sollten Sie sich unbedingt für eine Bahnfahrt, am besten im Intercity zwischen Hauptstädten wie Berlin und Schwerin, aufsparen. Die vielen Funklöcher bieten Ihnen ausreichend viele unverdächtige Gelegenheiten, unliebsame Gespräche abrupt zu beenden.

22

Verstärkt wird das Gefühl des „Zu-Hause-Seins“ durch die Chance, bereits kurz nach der Abfahrt Ihre mitgebrachte Verpflegung aus der Tupperdose, der Frischhaltefolie oder dem Stanniolpapier auszupacken und genüsslich zu vertilgen. Egal ob Sie nur eine Stunde unterwegs sind oder einen ganzen Tag – ein leerer Magen reist nicht gern. Und selbst wenn Sie sonst mühelos die Zeit zwischen Frühstück und Mittagessen ohne den kleinsten Snack überstehen: Auf einer Zugfahrt sind mitgebrachte Mahlzeiten ein Muss. Selbst Thermoskannen, sonst vom Erdboden verschwunden, sollen in Zügen schon wieder gesichtet worden sein. Unbedingt empfehlenswert dazu sind Speisen, die den Mitreisenden allein schon durch ihre starke Geruchsentwicklung sprichwörtlich das Wasser im Mund zusammenlaufen lassen – Fleischsalat oder hart gekochte Eier haben sich für solche Anlässe immer wieder bewährt.

23

Eine nahezu ideale Kombination ergibt sich, wenn Kegelclubs, Junggesellen oder andere Kleingruppen gemeinsam auf große Fahrt gehen. Die Einnahme des Gourmet-Menüs, das bei Versorgungsproblemen durch das freundliche Mitropa-Team ergänzt oder aufgefüllt werden kann, wird dann von Anfang an durch Alkoholgenuss unterstützt. Das ist der sanft aufkeimenden Geselligkeit im ganzen Abteil mehr als förderlich und bezieht Schritt für Schritt alle Mitreisenden in das feucht-fröhliche Beisammensein mit ein.

24

Schulklassen bringen ihre eigene Würze in die Reise: Handelt es sich um Pennäler von der Sexta bis zur Untertertia, sind solche Fahrten geprägt durch rasche Sitzplatzwechsel, kleinere Grüppchenbildungen, gelegentliche Neckereien, manchmal auch Klumpenbildung von drei oder mehr bauchfreien, aber dafür umso greller geschminkten Mädchen auf einem Sitzplatz. Auch ein insgesamt anschwellender Lärmpegel ist in solchen Situationen nicht untypisch. In höheren Klassen (Obertertia bis Obersekunda) dominiert das Balzverhalten der männlichen Alphatierchen, von einem Klangteppich kichernder Mädchen geräuschvoll unterlegt, während der Rest der Pennäler hingebungsvoll in sein Smartphone vertieft und durch Kopfhörer von der Außenwelt abgeschottet ist.

25

Sinnbild für die Haltung „*my home is my compartment*" ist auch der Umstand, dass es Bahnreisenden in vielen Fällen problemlos möglich ist, ihre Füße (und oft auch ihre Schuhe) bequem auf dem gegenüberliegenden Sitz abzulegen. Nutzen Sie diesen architektonischen Vorteil unbedingt

– eine so entspannte Lage wird Ihnen sonst nur in der Business Class der Lufthansa zuteil. Wem wollte man diese anatomischen Entfaltungsmöglichkeiten absprechen? Lassen Sie sich daher bitte nicht von den ewigen Nörglern aus der Fassung bringen, die Sie mit der Frage behelligen, ob Sie im häuslichen Wohnzimmer auch Ihre Schuhe aufs Sofa legen würden. Für Sie gilt gerade im Zug der Goethe'sche Ausruf: Hier bin ich Mensch, hier darf ich's sein.

26

Ähnlich wie bei Flugreisen sollten auch Bahnfahrer keine unnötige Zeit darauf verwenden, sich in der Nähe ihres Waggons auf dem Bahnsteig zu platzieren: Wagen 37 erreicht man auch, wenn man in Wagen 27 einsteigt. Und weshalb sollte man sich gleich vor der richtigen Türe eines Waggons anstellen, wenn man seinen Sitzplatz auch durch engen Hautkontakt mit jenen Mitreisenden erreichen kann, die sich mit ihren überdimensionierten Koffern durch den engen Mittelgang zwängen? Reibung erzeugt menschliche Wärme, und daran mangelt es doch allenthalben.

27

Diese Reibungshitze können Sie sogar regelmäßig herbeiführen: Verzichten Sie einfach aus Prinzip auf eine Sitzplatzreservierung, vor allem zu Stoß- und Ferienzeiten. Die ist nur etwas für Warmduscher und Weicheier. Ein wahrer Mann kämpft sich durchs Abteil wie durch das Leben: Je dichter der Koffer- und Taschendschungel, umso aufregender ist der Trip.

28

Nicht immer hat man das Glück, von der Bahn unvorbereitet auf große Fahrt geschickt zu werden – das gelingt nur in einem Ersatzzug, dem mehrere Waggons fehlen und in dem keine Reservierungen mehr gelten. Jetzt dürfen Sie ganz offiziell den Platzkartenbesitzern eine lange Nase ziehen. Deren Verzweiflung, dass ihre frühzeitige Reservierung hinfällig geworden ist, steigert Ihr stilles Vergnügen, einen Sitzplatz ergattert zu haben, noch weiter.

29

Überhaupt: die Koffer. Der alte Grundsatz, dass man nur so viel Gepäck mit sich führen sollte, wie man auch problemlos tragen und in die oberen Ablagen wuchten kann, ist keinesfalls bindend. Anders als bei Fluggesellschaften müssen Sie Ihr Gepäck weder wiegen, noch ist seine Anzahl begrenzt. Nicht einmal Ihr Handgepäck brauchen Sie in einen engen Kontrollkasten mit normierten Abmessungen zu zwängen. *All you can carry* ist das Motto der Stunde – auch wenn dadurch die oft gehörten „Verzögerungen im Betriebsablauf" entstehen. Seien Sie lieber stolz auf die nächste Durchsage: Diese Störung, das sind Sie!

30

Zugegeben: Die meisten Störungen gelingen der Deutschen Bahn ohne fremde Hilfe. Und sie sind beliebig eskalierbar: Über den Umstand, dass das freundliche Mitropa-Team keine normalen Biertulpen mehr hat und auf

Weizenbiergläser wechseln muss, kann man großzügig hinwegsehen. Die Ansage des Personals, es wisse nicht, ob es Tee bringen könne, weil möglicherweise kein Wasser mehr da sei, lässt einen dagegen schon ins Grübeln verfallen. Dass regelmäßig die Platzreservierungen ausfallen, daran hat man sich bereits gewöhnt. Wer A sagt (kein WLAN), muss auch B sagen (keine elektronische Reservierungsanzeige). Der Ausfall der Heizung im Winter oder der Klimaanlage im Sommer wiederum sind bloß jahreszeitlich bedingte Einschränkungen, die im Frühjahr und Herbst nicht ins Gewicht fallen. Wirklich magisch werden die Zauberkünste der Deutschen Bahn erst dann, wenn sie ganze Waggons verschwinden lässt, aber – ein Schelm, wer dahinter schwarzen Humor vermutet – den Fahrgast weiter zum Komfort-Check-In auffordert.

In der S-Bahn

31

Die Geselligkeit, die man in vollen Zügen auskosten kann, wird im öffentlichen Personennahverkehr zumindest dann noch übertroffen, wenn man sich während der Rush Hour in eine S-Bahn oder U-Bahn begibt. Dank der frühen Tageszeit sind die Sinne der Mitreisenden bis aufs Äußerste geschärft, und die intimsten Gefühle bahnen sich unvermittelt einen Weg von Mensch zu Mensch. So wird gerne schon das Rascheln mit der Morgenausgabe der Zeitung oder das Umblättern einer Buchseite mit einer freundlichen Zurechtweisung beantwortet. Spätestens das fröhliche Gerangel um den letzten freien Platz im überfüllten Waggon bietet unkomplizierte Anknüpfungspunkte zur nonverbalen Kommunikation. Längere persönliche Gespräche wiederum entwickeln sich gerne im Anschluss an ein spontanes Öffnen oder Schließen der Abteilfenster. Diesen Luxus, den inzwischen nur noch S- und U-Bahnen alter Bauart ermöglichen, müssen Sie unbedingt ohne vorherige Konsultation der anderen Gäste genießen. Und nach erfolgreicher Aktion nehmen Sie bitte auf spontan geäußerte Mehrheitsmeinungen keinesfalls Rücksicht. Halten Sie es stattdessen mit Erich Kästner: Es gibt nichts Gutes, außer: Man tut es.

32

Wer arbeitet, der soll mehr haben als jemand, der nicht arbeitet. Mit diesem Aufstiegsversprechen ist die Bundesrepublik groß geworden. Klar, dass es auch in der S-Bahn gilt. Die obdachlosen Zeitungsverkäufer tragen mit dem monotonen Wiederholen des einmal auswendig gelernten Spruchs zumindest ein Stück weit zu ihrem Lebensunterhalt bei. Sie haben es sich auch redlich verdient. Denn nichts wäre ermüdender, als nur einmal am Tag einen solchen Ritter von der traurigen Gestalt miterleben zu müssen. Nein, die Sozialbosse, die solche Drückerkolonnen auf Reisen schicken, haben begriffen, dass eine gewisse Redundanz die Verständlichkeit erhöht: Manches kann man einfach nicht oft genug wiederholen. So geben sich auf einer halbstündigen S-Bahn-Fahrt nicht selten zwei oder drei „Motz"-Verkäufer die Klinke – oder besser: die Hundeleine – in die Hand, denn ein verwahrloster Vierbeiner im Schlepptau hat noch jedes Spenderherz erweicht. Und damit die eifrig wegsehenden oder nach unten starrenden Mitreisenden ob der inszenierten Armut nicht der blanke Trübsinn befällt, streunern gelegentlich auch noch bunt zusammengewürfelte Musiker-Combos durch die Abteile und erfreuen die Herzen mit schwungvollen Weisen aus dem Liedgut fahrender Völker. Wer würde da nicht zerknirscht mitseufzen: Das Leben ist ein Fest!

33

Und Feste gilt es zu feiern, wie sie fallen. Vielleicht sieht man deshalb so oft Menschen mit Bierdosen oder Weinflaschen umherziehen, manche tragen auch Plastikgebinde mit sich herum, in denen sie sich einen hochprozentigen Cocktail zusammengemischt haben. Man muss kein Schicklichkeits-Apostel sein, um die Vorhersage zu wagen, dass betrunkene, enthemmte Mädchen, die sich nicht zwischen Brechreiz und Schlafkoma entscheiden mögen, keinen besonderen sexuellen Reiz auf Männer ausüben. Und man braucht nicht frigide zu sein, um zu vermuten, dass aufgedunsene, nach Alkohol und Nikotin stinkende Männer wenig Verführerisches an sich haben. Der Connaisseur sehnt sich zurück in eine Zeit, in der Alkohol in privater Umgebung genossen und wahlweise zur wohligen Unterfütterung tiefschürfender Gespräche oder als willkommenes Schmiermittel für den Austausch spitzzüngiger Albernheiten genutzt wurde. Eine Zeit, in der man, wenn man schon glaubte, unbedingt „vorglühen" zu müssen, dieses wenigstens stilvoll im stillen Kämmerlein hinter sich brachte. Die heutigen Druckbetanker drängt es dagegen in die Öffentlichkeit, sie präsentieren ihre Spirituosen wie eine Trophäe, ohne zu bemerken, dass sie damit bloß einem Autofahrer gleichen, der nicht nur seinen Bleifuß auf das Gaspedal drückt, sondern dazu noch triumphierend einen Benzinkanister aus dem Fenster hält.

Im Auto

Das Autofahren ist eine Fortbewegungsart, die alle Verkehrsteilnehmer vor besondere Herausforderungen stellt – und für den Beobachter eine Vielzahl von Fragen aufwirft:

34

Definitiv ist Deutschland nicht Großbritannien. Hier gilt nicht das Linksfahrgebot. Dennoch halten sich auf Autobahnen fast alle daran: Ein einziger Lkw oder ein einsamer Wohnwagen auf dem rechten Fahrstreifen genügt, um den gesamten restlichen Verkehr auf die linke Spur zu drängen. Hier ist Vorsicht das oberste Gebot: Scheren Sie rechtzeitig aus und arbeiten Sie sich langsam, aber beständig an dem Lkw oder dem Wohnwagen vorbei. Wichtig ist, dass Sie Ihrem ganz eigenen Tempo und Rhythmus folgen und sich nicht aus der Ruhe bringen lassen. Dass die Überholspur „Überholspur" heißt, heißt nicht, dass man dort auch überholen muss. Ein langsames Vorbeikriechen genügt vollkommen.

35

Sind Sie erst so richtig im Überhol-Flow, vermeiden Sie bitte unnötige Fahrbahnwechsel. Es reicht völlig aus, in der Ferne einen weiteren Rechtsfahrer zu erblicken, um unverdrossen auf Ihrem Recht zu beharren, den linken Fahrstreifen weiter auf unbefristete Zeit blockieren zu dürfen.

Abstand ist das halbe Leben. Genießen Sie es, einmal die gesamte Wagenkolonne, die sich hinter Ihnen aufstaut, anzuführen: Heute sind Sie das Alphatier – Sie allein bestimmen, wo es langgeht, und alle müssen Ihnen folgen.

36

Besonders herausfordernd gestaltet sich das Überholmanöver, wenn man es in einem kilometerlangen Bereich mit radarüberwachtem Tempolimit ausführt – französische Autobahnen sind ein gutes Beispiel hierfür. Dort ist die offenkundig masochistische Neigung mancher Zeitgenossen, die behördlichen Geschwindigkeitsgrenzen absichtlich zu unterschreiten, besonders ausgeprägt – und verführt zur Suche nach Gründen: Wer bei Tempo 120 nur 117 km/h fährt, hat entweder einen defekten Tempomat oder akute Blitzangst – und baut daher noch einen kleinen Sicherheitspuffer für eventuelle Messfehler ein. Doch woher kommt diese ausgeprägte Leidenslust? Ist es tatsächlich die philosophische Einsicht, dass nur der wirklich frei ist, der aus freien Stücken unter seinen Möglichkeiten bleibt?

37

Wie dem auch sei – jedenfalls sorgt in solchen Fällen meist die Angst vor einem gepfefferten Strafzettel dafür, dass man mit dem Kriecher auf der rechten Spur nicht einfach kurzen Überhol-Prozess macht. Der Kriecher wiederum hat geradezu perfide Möglichkeiten, die unterdrückte Wut des Lenkers im toten Winkel ins Unermessliche zu steigern. Vielfach bewährt hat sich das sanfte Beschleunigen während des Überholvorgangs, um diesen in schier endlose Länge zu ziehen und dem Linksfahrer, erst kurz bevor er endgültig die Nerven verliert, ein gütiges Einlenken zu gestatten – das alles natürlich nur, um unmittelbar danach seinerseits einen Überholvorgang zu starten, der die alte Ordnung wiederherstellt. Dieses Katz-und-Maus-Spiel lässt sich über Stunden durchhalten und sorgt für ein bisschen Abwechslung auf der sonst so eintönig tempomatgesteuerten Fahrt.

38

Sind Sie Lastwagenfahrer, steht Ihnen eine Variante mit noch größerer Folgewirkung offen: Natürlich sollten auch Sie umsichtig fahren und deshalb schon frühzeitig ausscheren, wenn Sie den anderen Brummi vor sich im Schneckentempo zu überholen beabsichtigen. Und natürlich sollten auch Sie mit dem Wiedereinschwenken auf die Lkw-Spur erst dann beginnen, wenn ein ausreichend großer Sicherheitsabstand zwischen Ihnen und dem soeben mühsam Überholten liegt. Was aber die Spannung bis ins Unerträgliche zu steigern vermag, ist das richtige Timing beim Ausscheren: Machen Sie die abrupte Lenkradbewegung nicht von dem Sattelschlepper abhängig, der träge vor Ihnen herbummelt, sondern von dem mit gut 200 km/h auf Sie zufliegenden Raser, der Sie – im Rückspiegel deutlich erkennbar – bereits mit Blinker und Lichthupe ermahnt hat, die Spur zu halten. Lassen Sie sich von solchem Macho-Gehabe nicht einschüchtern, sondern wählen Sie treffsicher genau jenen Moment zum Ausscheren, an dem der Rowdy garantiert in die Eisen steigen muss und sich sein Fahrer-Airbag bereits zum Aufblasen bereit gemacht hat. Das garantiert Ihnen die volle Aufmerksamkeit aller Nachkömmlinge – und die Gewissheit, dass Ihnen der Raser noch lange Zeit in innigem Groll verbunden sein wird.

39

Ein weiteres Faszinosum ist, dass es Autofahrern immer wieder gelingt, auf einer vierspurigen Straße ohne Baustellen oder andere Hindernisse den Verkehrsfluss abrupt zum Stillstand zu bringen. Das oben geschilderte Ausscherverhalten ist eine mögliche Erklärung dafür. Wenn aber Baustellen im Spiel sind, liegt der Staugrund meist im Unvermögen, sich vernünftig einzufädeln – woher auch? Das hat man in der Fahrschule nicht gelernt: ein Versäumnis ohnegleichen. Denn die innere Logik dieses Systems überfordert jeden Autofahrer, der damit erstmals konfrontiert wird, komplett – folgt doch das sogenannte Reißverschluss-Verfahren dem komplexen Algorithmus „rechts-links-rechts-links-rechts-links“. Selbst langjährige Verkehrsprofis scheitern gerne an so subtilen Regelungen.

40

Der vorausschauende Engpass-Experte weiß im Übrigen längst, dass man lieber beizeiten auf den freien Fahrstreifen wechselt, auch wenn die dazu nötigende Spurverengung erst in mehreren hundert Metern folgt. So erzwingt man äußerst frühzeitig abrupte Bremsmanöver auf der durchgehenden Spur, und das Einfädeln der anderen Wagen kurz vor dem Hindernis wird zu einer spannenden Wette: Winkt irgendein verständiger Lenker den spurtreu gebliebenen Fahrer wohlwollend in die aufgestaute Autokette hinein, oder lassen ihn die Zu-früh-Einfädler gehässig vor der Absperrung verhungern?

41

Baustellen sind ein gutes Thema, nötigen sie die Behörden doch zu administrativen Konsequenzen: Das Fehlen des Seitenstreifens zum Beispiel zwingt die Beamten, die Geschwindigkeit auf 80, gelegentlich sogar nur 60 km/h zu begrenzen. Wer sich diesem Diktat beugt, setzt sich einem besonderen Nervenkitzel aus: Über viele Kilometer hinweg kleben dem untadeligen Regelbefolger dann tonnenschwere Lastwagen an der Heckstoßstange und drängen mit Macht zur widerrechtlichen Betätigung des Gaspedals. Es braucht einen eisernen Willen, diesem Ansinnen zu trotzen. Das ist nichts für schwache Nerven.

42

Gerade wenn man mit dem Auto unterwegs ist, sollte man ausreichend Ruhepausen einbauen. Das gilt nicht nur für lange Überlandfahrten, sondern auch im Stadtverkehr. Hier machen es die Segnungen moderner Technik möglich, dass man fast nach Belieben innehalten kann, sogar ohne dazu den Wagen verlassen zu müssen. Nicht einmal einen langen Stau braucht es dazu. Es reicht völlig, das rote Ampelsignal als Anlass für eine spontane Auszeit zu nehmen. Dazu genügt es, ausreichend Abstand zu den Kontaktstreifen zu halten, die übereifrige Verkehrsplaner in den Boden eingelassen haben. Bis die hinter Ihnen Wartenden bemerkt haben, was eigentlich vor sich geht, konnten Sie mindestens während zweier Rot-Phasen entspannen: Zeit hat man nicht, Zeit nimmt man sich.

43

Nicht immer hat man die freie Wahl, was die Nutzung der innerstädtischen Fahrstreifen angeht. Insbesondere auf mehrspurigen Fahrbahnen neigen die vor einer roten Ampel wartenden Fahrer dazu, angemessene Abstände zu ihrem Vordermann einzuhalten. Wer sich sonst einfach an den aufgestaut Wartenden vorbei in die Abbiegerspur hineingeschlängelt hätte, wird dadurch erst einmal auf sichere Distanz gehalten. So entsteht im Nullkommanichts ein schöner Spontan-Stau, der vor allem in der morgendlichen Rush-Hour das Gemüt erfreut und das Wohlgefühl aller Wartenden steigert. Denn vor Beginn eines arbeitsreichen Tages möchte man sich ja in seinem Wagen gern noch ein wenig sortieren. Dichtes Aufrücken wäre da ungehörig, ja beinahe schamlos, schließlich gibt es noch so etwas wie Privatsphäre. Zu viel Nähe ist einfach ungesund.

44

Den nahezu gleichen Effekt erlebt man, wenn ehrfürchtige Zeitgenossen sich als Rechtsabbieger versuchen: Kaum haben sie auf dem mindestens zehn Meter entfernten Zebrastreifen einen Fußgänger erspäht, der sich anschickt, die Straße zu überqueren, paralysiert diese Entdeckung ihr Gefährt wie ein übermächtiger Magnet. Dieser hält den Wagen so lange in unverrückbarem Sicherheitsabstand auf der Fahrbahn fest, bis der Passant den gegenüberliegenden Bürgersteig erreicht hat. Erst dann löst sich die Blockade bei Fahrer und Fahrzeug auf und beschert den Protagonisten ein doppeltes Vergnügen: Der übervorsichtige Abbieger kriegt gerade noch rechtzeitig die Kurve, während seine zum abermaligen Halt gezwungenen Hintermänner darauf vertrauen können, dass ihnen ein nichtsahnender Passant bei der nächsten Grün-Phase die gleiche Chance eröffnen wird, dieses magisch-magnetische Spiel, diesmal aus der Pole Position heraus, zu wiederholen.

45

Großes Kino erlebt man regelmäßig auf Mautstraßen am Kassenhäuschen. Schon die Anfahrt ist ein komplexes Unterfangen – gilt es doch, einerseits die Geschwindigkeit so stark zu verringern, dass man sanft an den Bezahlautomaten heranrollt, andererseits aber – nach mehreren spontanen Wechseln der Fahrstreifen – die Spur so geschickt zu wählen, dass man eine möglichst kurze Schlange erwischt. Die wahren Mautprofis bemerken erst unmittelbar vor der Schranke, dass sie sich falsch eingeordnet haben und kein menschliches Wesen auf sie wartet, dem sie das hastig zusammengesuchte Kleingeld in die Hand drücken können, sondern bloß ein stummer Kartenautomat, der unerbittlich seine Plastikbeute einfordert. „Kommando zurück!“ lautet dann der Marschbefehl an die unbeirrbaren Barzahler.

46

Normalreisende hingegen haben meist genug Überblick und Erfahrung, den nur nach vorheriger Online-Registrierung nutzbaren Telepass-Schalter zu meiden, die grünen Leuchtsignale zu befolgen und sich entspannt in die korrekte Schlange einzufädeln. Leider aber reicht der Überblick dann nicht mehr, um auch noch die Entfernung zum Geldeinwurf-Schlitz oder zur Karten-Einsteck-Öffnung richtig zu bemessen. Dem freilich kann durch weites Hinauslehnen aus der heruntergekurbelten Fensterscheibe abgeholfen werden. Greifen die Arme trotzdem noch ins Leere, bietet sich ein kurzes Hinauszwängen aus der nunmehr leicht geöffneten Fahrertüre an. Das erheitert die Nachfahrenden, die in der mittäglichen Gluthitze warten und für jedes pantomimische Spektakel dankbar sind, das die im Wagen allmählich unruhig werdenden Kinder ablenkt. Am größten ist die Freude freilich, wenn dem tapsig herumnestelnden Fahrer die Kreditkarte oder eine Münze zu Boden fällt und die nur einen Spaltbreit geöffnete Türe ihm ein Hinunterbücken unmöglich macht. Die Verzweiflung des Eingeklemmten ist kaum mit Worten zu beschreiben und treibt den hupend Wartenden wahre Zeichen der Verzückung ins Gesicht.

47

Apropos Warten: Gerade auf Langstreckenfahrten ist es für den Beifahrer ermüdend, sein Fahrgestell ständig angewinkelt zu halten und im düsteren Hohlraum zwischen Mittelkonsole und Türverkleidung verstauen zu müssen. Wie viel entspannter lebt es sich dagegen, wenn man – zumeist aber: frau – ihre Beine auf dem Armaturenbrett ablegt und Überholenden wie Überholten unentwegt die nackte Pracht ihrer ungewaschenen Füße und behaarten Beine zur Schau stellt! Das ist nicht nur ein ästhetisch tief bewegender Anblick für alle Mitreisenden, sondern verschafft auch der Beifahrerin selbst die beruhigende Gewissheit, im Falle eines Frontalunfalls ihr Gesicht nicht in aufgeblasene Textillappen aus asiatischer Billigproduktion versenken zu müssen. Vielmehr darf sie dankbar davon ausgehen, nach dem Crash ihre eigenen Knie passgenau in die Augenhöhlen gerammt zu bekommen. Sichern Sie ihr also beizeiten diese Chance, bleibende Eindrücke zu sammeln, die ihr der Airbag sonst immer verweigert.

Mit dem Fahrrad

48

Für Fahrräder gelten eigene Regeln – aber keine Verkehrszeichen. Auch wenn die Ampel „rot" zeigt, ist das für Radfahrer allenfalls ein wohlmeinender Vorschlag. Es darf gleichwohl munter weitergeradelt werden. Mehr noch: Sollten Autofahrer oder Fußgänger, die bei „grün" die Kreuzung oder den Zebrastreifen überqueren, auf ihr farbig angezeigtes Vorrecht pochen, ist dieses ungebührliche Verhalten umgehend mit lautstarken Pöbeleien zu sanktionieren. Denn das Fahrrad ist, vorfahrtsrechtlich gesehen, ein Panzer, der alles überrollen darf. Alles andere wäre auch höchst gefährlich, da die Radler in der Regel mit solcher Geschwindigkeit unterwegs sind, dass ein Sturz lebensgefährliche Folgen haben könnte. Würde man diese Rüpelei einem Porsche-Fahrer verzeihen und ihm immer und überall ob seiner rasenden Geschwindigkeit den Vortritt lassen? Sicher nicht. Doch die Biker sind immer die Guten, und sie dürfen sich daher alles herausnehmen, ohne Regeln und ohne Rücksicht. Schnell, lärmarm, abgasfrei – wer möchte die tapferen Radler und ihr umweltfreundliches Verkehrsmittel schon diskreditieren?

49

Große Schauspielkunst verrät der Ärger der morgendlichen Zur-Arbeit-Radler, die mühsam den schmalen Gehweg hinaufkeuchen, wenn plötzlich ein Auto aus der Hofeinfahrt herausrollt und ihnen per Kotflügel den Weg versperrt. Dieses Hindernis bliebe ihnen zwar erspart, wenn sie sich vorschriftsgemäß auf der Straße abstrampelten. Doch dazu sind sie nicht bereit – zu gefährlich das alles, wegen der dicht vorbeifahrenden Autos. Die könnten ihnen ja viel zu nahe kommen, sie vielleicht sogar rammen und zu Fall bringen. Schon klar. Aber gilt das nicht auch für die Fußgänger, die nun auf dem Bürgersteig um ihre Unversehrtheit bangen müssen? Die dürfen geschubst werden und stürzen? Aber ja doch: Das Öko-Bike in seinem Lauf halten Fußgänger bestimmt nicht auf.

50

Schutzbedürftig, so viel haben wir verstanden, ist alles, was sich auf zwei Rädern fortbewegt. Zwei Beine tun's nicht, vier Räder ebenso wenig. Zwei Räder sind das Maß aller Dinge. Deshalb werden auch immer neue Fahrradwege gebaut: weil nämlich das Abbiegen von Lastwagen an Kreuzungen zahlreiche Velo-Todesopfer fordert. Dieses traurige Ergebnis kann zwei simple Ursachen haben: Entweder der Lkw-Fahrer guckt nicht, oder der Radler hält nicht. Was also tun? Man erinnere sich an die eigene Verkehrserziehung: Auch Fußgänger laufen nicht einfach blind drauflos, sondern blicken vorsichtig-abwartend zuerst nach links und dann nach rechts, bevor sie den Zebrastreifen überqueren – und das, obwohl ihnen die Fahrbahnmarkierung eigentlich den Vortritt gewährt. Und sie bleiben notfalls stehen, wenn ein motorisierter Rowdy ihnen die Vorfahrt nimmt und sein *Heilig's Blechle* partout nicht zum Stehen bringen will. Eigentlich ganz einfach. Täten es die Radler den Fußgängern gleich, blieben sie am Leben, der Verkehr rollte freier, und die unter Zeitdruck stehenden Lkw-Fahrer, die uns die erst vorgestern Nacht im Internet bestellten Waren liefern, könnten ruhigeren Gewissens die Kurve kriegen. Wie man es auch dreht und wendet: Mit Rücksicht kommt man weiter.

Als Fußgänger

51

Auch als Fußgänger stehen Ihnen natürlich vielfältige Möglichkeiten offen, Ihren Mitmenschen unerwartet Freude zu bereiten. Einfach, aber äußerst wirkungsvoll ist es, in Einkaufszentren, überfüllten Baumarkt-Gängen oder zwischen eng gestapelten Supermarktregalen – also überall dort, wo größere Menschenmassen hektisch einem ersehnten Ziele zustreben – unvermittelt stehen zu bleiben und so den Nachfolgenden den Weg zu versperren. Mit dieser menschlichen Mauer, die sich spontan vor allen Auflaufenden aufbaut, hat garantiert niemand gerechnet. Gesteigert wird dieses Blockade-Vergnügen nur noch durch wiederholtes Umdrehen, was Ihrem auf dem Rücken getragenen Gepäck ungeahnte Wirkungsgrade ermöglicht (siehe auch: „Auf Flugreisen“). Das Schöne daran: Niemand wird Ihnen Ihr ungelenkes Verhalten übel nehmen, da Sie durch mühevolles Herausnesteln Ihres Handys aus der Jackentasche, durch ungläubiges Starren auf die Anzeigetafel über Ihnen oder durch fragende Blicke auf den bedächtig entfalteten Center-Plan Ihre völlige Ahnungs- und Orientierungslosigkeit offenbaren. Spätestens jetzt zahlt es sich aus, dass Sie konsequent auf jegliche Vorbereitung Ihrer (Einkaufs-) Tour verzichtet haben.

52

Besonders wirkungsvoll können Sie dieses Auflaufen-Lassen an Rolltreppen oder beim Aussteigen aus dem Zugwaggon zelebrieren: Bleiben Sie direkt, nachdem Sie Ihren Fuß über die letzte Trittstufe gesetzt haben, stehen, um sich zu orientieren oder nach Ihrem Abholer Ausschau zu halten. Vermeiden Sie es unbedingt, noch ein paar Schritte nach vorn oder zur Seite zu machen, um auch den anderen Fahrgästen das Aussteigen zu ermöglichen. Wie viel schwungvoller ist es doch, wenn die Rolltreppe immer mehr Personen auf den Menschenpulk hinter Ihnen aufprallen lässt, der sich durch Ihr geschicktes Manöver überhaupt erst gebildet hat. Nur wenn Sie konsequent Ihre Umwelt ignorieren und sich als *last man standing* ausschließlich auf sich selbst fokussieren, sind Sie in der Lage, solche *good vibrations* zu generieren.

53

Das Wandern ist nicht nur des Müllers Lust. Auch junge, tätowierte Stadtkinder finden gelegentlich Vergnügen daran, einige Stunden zu Fuß durch den Wald zu stapfen – nicht etwa angetrieben vom Wunsch nach innerer Einkehr, sondern von der am Ziel lockenden tatsächlichen Einkehr in ein behaglich beheiztes Wirtshaus. Wo andere ihre Seele baumeln lassen, baumelt bei ihnen allenfalls ein Kopfhörerkabel, das ihnen die Ohren verstopft und sie von jedem Außengeräusch abschirmt. Einen Wanderstock benötigen die jungen Burschen nicht, sie mühen sich lieber keuchend mit Zigaretten und Bier in den Händen den steinigen Weg zum Gipfel hinauf. Gesteigert wird die Begeisterung traditioneller Wanderer über diesen Anblick nur noch, wenn die ungeübten Hiker ihre mangelnde Ausdauer mit wummernden Bässen anzuspornen versuchen, die aus dem mitgebrachten Bluetooth-Lautsprecher durch den Wanderrucksack dröhnen. So hält endlich ein Hauch von gestreamter Urbanität Einzug ins Unterholz – und das Laub und Moos, in dem sich Hase und Igel sonst nur süße Träume wünschen, wird für kurze Zeit zur veritablen Partymeile à la Helene Fischer: Atemlos durch Tag und Nacht.

Im Büro

54

Arbeiten Sie effizient! Wenn Sie den Kopierer benutzen möchten, aber bemerken, dass der Toner leer, das Papier verhakt oder ein Papierstau in unzugänglichen Teilen des Gehäuses aufgetreten ist – warten Sie einfach ab, was passiert, und holen Sie keinesfalls Unterstützung herbei oder sorgen, *horribile dictu*, gar selbst für Abhilfe. Schließlich gilt auch in Ihrer Firma das Verursacherprinzip. Und das bedeutet im Umkehrschluss: Wer nichts kaputtmacht, braucht auch nichts zu reparieren. Man sollte den Fachleuten, die dafür anständig ausgebildet und bezahlt werden, nicht in ihr Handwerk hineinpfuschen. Wo kämen wir sonst hin? Ihnen selbst nimmt ja auch niemand die Arbeit ab.

55

Steigern Sie Ihren Marktwert und leben Sie vom Hörensagen! Nehmen Sie jedes Geflüster, ob in der Teeküche, im Pausenraum, in der Damentoilette oder am Raucherstand, dankbar auf und leiten Sie es wie früher, als man noch „Stille Post" spielte, weiter – angereichert um wilde Spekulationen, böse Intrigen oder phantastische Wendungen. Nur so halten Sie den Buschfunk am Laufen und sich selbst als Oberfunker und Einflüsterer interessant. Gerüchte zu hinterfragen oder gar das Gespräch mit denen zu suchen, die es wirklich wissen müssten, wäre viel zu mühsam und würde sich überhaupt nicht lohnen, denn dann würden viele gute Geschichten sterben, und Ihr Image als Hüter exklusiver Geheimnisse wäre dahin. Bitte also beherzt weiterspinnen. In der Firma gilt schließlich das Gleiche wie in der Wirtschaft: Psychologie ist die halbe Miete.

56

Gehen Sie mit einem aufmerksamen Blick für alles, was nicht reibungslos klappt oder was nicht wie geplant funktioniert, durchs Büro. Mäkeln sie an allem und jedem herum, und das bitte stets aus einer negativen Grundstimmung heraus. Denn als Sensor für alles, was schiefläuft, sind Sie nahezu unersetzlich. Bleiben Sie auf dieser einfachen Stufe der Kritik aber nicht stehen und rügen bloß alle Beteiligten für ihre unterlassenen Taten, sondern stellen Sie zugleich Ihr eigenes Können umso deutlicher heraus: „Darauf hätte man ja auch früher kommen können“, „Hier wurde wieder einmal am falschen Ende gespart“, „Immer die Abteilung XY, die es nicht gebacken bekommt“, und so weiter und so fort. Bleiben Sie diesem herablassenden, besserwissenden Tonfall treu. Denn je kleiner Sie die anderen machen, umso heller erstrahlt Ihre eigene Größe.

Unterstützen Sie deshalb auch keinesfalls tatkräftig und lösungsorientiert Ihre Kollegen, sondern beschränken Sie sich auf gute Ratschläge. Sagen Sie nicht: „Ich habe hierfür ein neues, besseres Tool gefunden.“ Sondern nörgeln Sie naserümpfend: „Ich frage mich schon, wieso die IT-Abteilung hierauf keine Antwort weiß.“ Bedauern Sie nicht: „Kollege Meyer muss das wohl in der letzten Besprechung überhört haben.“ Tadeln Sie lieber: „Hätte Kollege Meyer bei der letzten Besprechung etwas besser hingehört, so hätte er sicher auch diesen Hinweis richtig verstanden." Schließlich soll und darf niemand an Ihrer Überlegenheit zweifeln. Und immer daran denken: Es geht nicht um eine Gemeinschaftsleistung und um das große Ganze, sondern als Erstes und vor allem um den unverzichtbaren Beitrag, den Sie ganz persönlich zu diesem großen Ganzen beisteuern.

57

Das Wissen und die Liebe haben eines gemeinsam: Beide wachsen, wenn man sie teilt. Daher gibt es neben jenen Mitarbeitern, die den Buschfunk regelmäßig mit neuen Morsezeichen versorgen, andere Kollegen, die gerne und ständig ihr Umfeld in ihren persönlichen Informationsaustausch einbeziehen – wofür sonst gibt es die elektronische Kommunikation? Nur dazu wurde die CC-Zeile erfunden, die das antiquierte Kohlepapier abgelöst hat und seither elektronische Durchschläge ermöglicht: um alle Kolleginnen und Kollegen, die das in irgendeiner Weise betreffen oder interessieren könnte, in Kopie zu setzen – lieber einen zu viel als einen zu wenig. Man weiß ja nie, wozu das später noch mal nützlich ist. Die Empfänger sehen das oft genauso. Daher verrotten noch Monate oder Jahre später einsame Mails mit der kryptischen Kennung „AW_Re_FW" in den Datenbanken und Ablagesystemen: als stumme Zeugen zivilisierter Freundlichkeit, da ihr Inhalt oft nur noch aus einem schlichten „Danke!" oder einem süßen Smiley besteht. Ach ja, seufzt man halb freudvoll, halb leidend: Das Internet vergisst eben nie!

58

Auch das Potenzial der BCC-Zeile ist noch lange nicht ausgeschöpft. Vor allem ihr Vermögen, beim Empfänger Verwirrung zu stiften und Unsicherheit zu säen, wird von keinem anderen Kommunikationsmittel erreicht: Bin ich der einzige Blindkopie-Adressat dieser Nachricht? Darf ich sie weiterleiten? Wäre das ein Vertrauensbruch? Wer weiß sonst noch davon? Darf ich mich denen gegenüber als wissend zu erkennen geben? Solche Fragen können einen wirklich so sehr in Trab halten, dass man darüber gar nicht mehr zum Arbeiten kommt. Wie man diese Paralyse durch eine Rückkehr zu den Ursprüngen überwindet, formuliert ein Kollege treffend so: Man greife zum Äußersten – zum Telefonhörer!

59

Was lange währt, wird endlich gut: Der Volksmund weiß schon seit Hunderten von Jahren, dass gut Ding Weile haben will. Verhelfen Sie diesen Prinzipien auch im Arbeitsleben Geltung und zeigen Sie, wie wertvoll und bereichernd lange Sitzungen sein können. Betrachten Sie den vermeintlichen Kalauer, es sei alles gesagt, aber noch nicht von jedem, nicht bloß als ziemlich unziemliche Begrenzung ihres Mitteilungsbedürfnisses, sondern fühlen Sie sich dadurch nachgerade aufgefordert, den Anwesenden eine Lektion zu erteilen und ihnen ausführlich Ihre ganz persönliche Sicht auf die Dinge zu schildern, nebst den dazu nötigen Vorgeschichten und Hintergründen. Und lassen Sie sich von den verdrehten Augen Ihrer Zuhörer nicht beirren: Wenn Sie nichts Wichtiges beizutragen hätten, hätte man Sie ja wohl kaum zu der Sitzung eingeladen. Legen Sie also alle Scheu ab, und demonstrieren Sie hemmungslos Ihre rhetorische Überlegenheit: Wiederholen Sie das viel zu kurz Gesagte, das viel zu unpräzise Formulierte in eigenen, deutlich angemesseneren und treffenderen Worten; kleiden Sie fremde, nicht zu Ende gedachte Gedanken in viel gefälligere Worthülsen und modische Anglizismen; streuen Sie reichlich verbales Füllmaterial („am Ende des Tages", „auf der Tonspur") ein; schmücken Sie blasse Vergleiche mit Ihren eigenen, strahlend-blumigen Bildern aus; berauschen Sie sich immer wieder an der eigenen Stimme, an der großen Geste und mannhafter oder fraulicher Körpersprache – all das selbstverständlich, ohne die Inhalte zu verändern, die Debatte nach vorne zu bringen oder gar Lösungsbeiträge zu liefern. Schließlich geht es Ihnen nicht um das intellektuelle Urheberrecht; Sie wollen sich auch nicht mit fremden Federn schmücken, sondern bloß zeigen, dass der gleiche Kopfschmuck an Ihrem Haupt noch viel edler glänzt.

60

Ihre Bedeutung wird im Übrigen noch dadurch unterstrichen, dass Sie Ihr Handy während der Sitzung grundsätzlich nicht stummschalten. Sollen die anderen ruhig hören, wie oft Rücksprache mit Ihnen gehalten werden muss. So gut haben Sie Ihr Büro organisiert, dass nichts ohne Sie läuft. So wichtig sind Sie geworden, dass Ihr Rat unentbehrlich ist und Ihr Plazet nicht warten kann. Alles muss jetzt und sofort erledigt werden. Sie sind zwar körperlich anwesend, aber eigentlich gar nicht da. Und weil Sie – während der kurzen eigenen Redepausen innig in Ihr Aktenstudium vertieft – alles um Sie herum vergessen, fällt es Ihnen auch nicht auf, dass Sie noch nicht den Raum verlassen haben, während Sie schon wieder lauthals Ihre Antwort in das Handy blöken. Sollen sich die anderen doch glücklich schätzen, dass Sie diese Runde überhaupt mit Ihrer physischen Präsenz adeln.

61

An dieser Stelle erinnern wir uns mit warmem Herzen an einen liebenswürdigen Kollegen, der seine ganz eigene Art hatte, mit diesem Problem umzugehen: Zwar stellte auch er sein Handy nie auf lautlos, doch nachdem ihn das Klingeln aufgeschreckt hatte, umschloss er die virtuelle Hörer-Muschel stets verschämt mit seiner Handfläche und flüsterte seinem Gegenüber zu, dass er gerade nicht antworten könne, da er in einer wichtigen Sitzung sei. Den nachdenklich gewordenen Kollegen, die ihn ob seines rätselhaften Verhaltens fragten, weshalb er sein Telefon nicht einfach leise stelle, antwortete er mit entwaffnender Logik: Dann höre ich es doch nicht mehr!

62

In Coronazeiten ist es noch viel aufregender, an Meetings teilzunehmen. Durch die nicht stummgeschalteten Mikrofone fühlt man sich bei jeder Telefonkonferenz wie in der Abhörzentrale der Kriminalpolizei: Wo mag sich der Teilnehmer gerade befinden? Im Hintergrund hören wir plätscherndes Wasser, knarrende Türen, aufheulende Sirenen, knatternde Motoren oder aufdringliches Klingeln. Steht er an einer Autobahnraststätte, telefoniert er beim Einkaufen oder hat er gerade auf dem „stillen Örtchen“ seine Sitzung beendet? Dem detektivischen Spürsinn eröffnet sich hier ein weites Betätigungsfeld, und selbst zu kombinieren ist viel spannender, als es eine Lokalisierung über den Ortungsdienst des Handys jemals sein könnte.

63

Gesteigert wird dieses Vergnügen nur noch in Videokonferenzen, die durch ihren Bewegtbild-Bonus wahlweise betörende oder verstörende Einblicke in das Privatleben der Teilnehmer geben. Rasch entzündet sich zum Beispiel heftiger Reiseneid an den im Hintergrund eingeblendeten Hochglanz-Urlaubsfotos. Auffällig ist auch, dass ein alter Bauernschrank offenkundig zum Inventar jedes gehobenen Haushalts gehört und daher wie selbstverständlich die Kulisse abgibt, vor der Geschäftsführer, die etwas auf sich halten, gerne kommunizieren – eben ein Stück Unverrückbarkeit in der ansonsten so hektischen und wechselhaften Welt. Beklemmend hingegen ist, live und in Farbe mitzuerleben, wie rasch herbeieilende Assistentinnen den unbeholfenen Managern helfen müssen, sich mit Bild und Ton in ein virtuelles Meeting einzubringen: Noch schlimmer freilich ist, dass sie die Manager gleich wieder schutzlos dem technischen Neuland ausliefern, noch bevor diese die Stummschaltung gefunden haben – wobei die Dauer des Herumnestelns am Bildschirm in der Regel mit der Bedeutungs-Selbstwahrnehmung der Betroffenen korreliert. Nicht weniger verstörend ist es, die Kommandos mitanzuhören, die völlig unbekümmert dem leise winselnden Hund zugeflüstert oder den laut spielenden Kindern entgegengebrüllt werden. *My home is my castle*, und auch von der multiplen Video-Observation lässt sich der ins digitale Zeitalter katapultierte Vorstand nicht aus seiner Privatsphäre locken. Von seinem Recht auf freie Meinungsäußerung macht er – wenn auch nur in Ermangelung motorischer Fähigkeiten – beherzt Gebrauch. Wer nicht wusste, was Fremdschämen bedeutet: Corona hat es uns gelehrt.

64

Zum Glück hat der Zwang zu Online-Meetings und Remote-Kommunikation die Grundregeln erfolgreicher Konferenzen nicht außer Kraft gesetzt. So bleibt es auch in Coronazeiten möglich, den anderen Teilnehmern ohne digitales Hilfsmittel (für Eingeweihte: die Chat-Funktion) ins Wort zu fallen oder ihren Redefluss durch häufige Zwischenrufe zu blockieren – die schlechte Internetverbindung tut dazu ihr Übriges. Und man kann noch viel ungestörter als sonst anderweitigen Verrichtungen nachgehen: Statt wie in Präsenzsitzungen mit geschlossenen Augen höchste Anspannung beim Zuhören zu suggerieren oder durch eifriges Notizenmachen gesteigertes Interesse vorzutäuschen, kann man bei abgeschalteter Kamera (ja, ja, der schlechte Empfang und die geringen Netz-Bandbreiten, leider!) ungehemmt Mails beantworten, Präsentationen fertigstellen oder einfach nur die Füße auf den Tisch legen und sich genüsslich in der Nase bohren. So hat die Coronakrise auch einen großen Vorteil: In der virtuellen Welt können wir unser Desinteresse sehr viel unbeschwerter ausleben.

65

Selbst das simple Zuspätkommen muss in Coronazeiten nicht völlig ausfallen. Zwar ist die Beachtung, die man bei verzögerter Einwahl von der digitalen Fangemeinde erfährt, ungleich geringer als beim verspäteten Hereinplatzen in ein

Sitzungszimmer. Doch lässt sich dieses Manko leicht durch Masse wettmachen. Dazu müssen die virtuellen Teilnehmer nur langsam genug in den Meeting-Raum eintröpfeln. Besser als durch das kontinuierliche Ding-Dong immer neuer Gäste lässt sich ein Online-Vortrag nicht stören. Schaltet der Neuankömmling auch noch seine Videokamera ein und blökt als Begrüßungsritual lautstark seinen Namen in die Runde, ist der Sprecher garantiert aus dem Konzept und der Moderator aus der Contenance gebracht. Eine bedenkenswerte Alternative bietet die telefonische Einwahl. Anders als das aufpoppende Videobild, das die Zuhörer nur einmal kurz ablenkt, bieten Chiffren wie „HuaweiX93", „Peters iPhone", „MajorTomXL" oder Kürzel wie „HS" langanhaltenden Ratespaß. Selbst der schlichte Hinweis „anonym" vermag in der gebannten Zuhörerschaft wilde Spekulationen auszulösen.

66

Gesteigert wird die Zermürbung der Zuhörerschaft nur noch durch das Miterleben jovialer Begrüßungsrituale. Denn auch auf diese braucht in Coronazeiten niemand zu verzichten. Hat sich also ein Zu-spät-Gekommener gerade in die laufende Sitzung hineingepoltert, steht es selbstverständlich all seinen Kollegen frei, ihn noch einmal persönlich zu begrüßen. Maximale Wirkung stellt sich auch hier nur dann ein, wenn man seine Botschaft „Mensch, Helmut! Schön, dich endlich wiederzusehen" oder „Herr Meier, herzlich willkommen in unserer Runde" nicht bloß an Helmut Meier persönlich, sondern gleich in die ganze Gruppe postet, selbstverständlich jedes Mal durch ein elektronisches „Ding-Dong" oder „Plink" untermalt.

67

Haben Sie es auf diese Weise geschafft, Einlass zu einer virtuellen Sitzung zu ergattern, lauert gleichwohl Unbill: Nicht wenige Moderatoren oder Organisatoren machen skrupellos von ihrem diktatorischen Recht Gebrauch, sämtliche Teilnehmer ruhigzustellen – für die Jüngeren unter uns: zu muten. Möchten Sie sich nach diesem akustischen Lockdown wieder ins Gespräch bringen, gelingt dies nur durch rechtzeitiges Aufheben der Stummschaltung. Nur ungeübte Teilnehmer faseln gleich drauflos, ohne sich zuvor vergewissert zu haben, dass das Mikrophon auch tatsächlich eingeschaltet ist. Sie dagegen sind schlauer und vertrauen auf die Lenin zugeschriebene Losung: „Vertrauen ist gut, Kontrolle ist besser." Blöken Sie also, noch bevor Sie Ihren wertvollen Debattenbeitrag leisten, erst einmal ein lautes „Bin ich zu hören?" in die Runde – begleitet von einem ungläubig fragenden Blick. Und schieben Sie, nachdem Sie die ersten erhobenen Daumen gesehen haben, unverzüglich eine zweite Kontrollfrage nach: „Und bin ich auch zu sehen?" Erst wenn Sie auch auf diese Frage entnervte Seufzer vernehmen, legen Sie los. Beseelt von diesem Ritual gibt es nicht wenige, die für eine Prämierung beider Fragen als Unwort – oder besser: Un-Sätze – des Jahres plädieren. Ich habe dagegen einen anderen Favoriten, dessen schüchterne Wehklage das Herz jedes Chat-Besuchers mit wohliger Schadenfreude erfüllt: „Ich bin leider grade rausgeflogen."

68

„Wer rausgeht, der muss auch wieder reinkommen" – dieser bekannte Spruch erhält in Coronazeiten ebenfalls eine neue Bedeutung. Unvergesslich geblieben ist mir eine über Microsoft Teams organisierte Videokonferenz mit mehr als hundert Teilnehmern, von denen eine Dame mindestens die Hälfte der Veranstaltung in einem digitalen Warteraum verbrachte. Noch schöner als diese Zeit des erwartungsfrohen Hoffens auf Einlass war das, was sich danach für alle anderen gut sicht- und hörbar abspielte, und zwar in beinahe verstörender Regelmäßigkeit: Kaum war die Dame, nennen wir sie S.K., zur Konferenz zugelassen – für Eingeweihte an dem kurzen elektronischen „Plink" und dem erläuternden Hinweis im Gruppenchat „S.K. ist der Konferenz beigetreten" erkennbar –, verließ sie die Veranstaltung sogleich wieder. Richtig, Sie haben es erahnt: mit einem erneuten „Plink" und der Anzeige „S.K. hat die Konferenz verlassen". Weshalb sie dieses Stop-and-Go veranstaltete, ist allen ein Rätsel geblieben, womöglich sogar ihr selbst. Ein besonderer Hingucker für alle informationshungrigen Teilnehmer war freilich das Dialogfenster in der Bildschirmmitte, das bei jedem Betreten und Wieder-Verlassen der Videokonferenz aufpoppte. Beinahe im Sekundentakt musste man es wegklicken, um endlich wieder freie Sicht auf die Rednerin – immerhin keine Geringere als die damalige Bundeskanzlerin – zu erhalten. Dass einem angesichts dieser guerilla-artigen Störung der Konferenz irgendwann die Worte fehlten, war verkraftbar. Denn wie heißt es doch: Ein Bild sagt mehr als 1000 Worte.

69

In normalen Zeiten weiß jeder im Vereinsrecht Bewanderte, dass man die Mitglieder tunlichst aktiv, etwa durch Handzeichen, ihr Votum abgeben lassen sollte. In Coronazeiten neigen die meisten Sitzungsleiter hingegen zur bequemen und bei dreistelligen Teilnehmerzahlen einzig praktikablen Lösung, nur die Nein-Stimmen und Enthaltungen abzufragen. Aber das Stillhalten zur rechten Zeit ist Ihnen als treuem Zuhörer nicht zumutbar. Schließlich möchten Sie doch aktiv zum Sitzungserfolg beitragen und für alle sichtbar demonstrieren, dass Sie nicht nur Ihren Computer eingeschaltet, sondern auch aufmerksam zugehört haben. Deshalb antworten Sie bitte nicht auf die gestellte Frage nach den Gegenstimmen, sondern nutzen Sie beherzt die Chat-Funktion: „Zustimmung meinerseits zum Vorschlag!" So erfahren – und hören, denn der „Plink" bleibt auch diesmal nicht aus – alle anderen, wie kooperativ und mannschaftsdienlich Sie agieren. Das Sitzungsgeld haben Sie sich dadurch redlich verdient!

70

Viel Erbauliches ist schon über die Chat-Funktion gesagt worden. Aber ihr wahres Potenzial entfaltet sie erst bei Akklamationen. Sobald daher ein gerade von 158 Teilnehmern gewählter Vereinspräsident die verblüffende Erklärung abgegeben hat, dass er die Wahl annehme und für das Vertrauen danke, sollten Sie sofort einen elektronischen Glückwunsch in den Chat senden – Formulierungen wie „Herr Schulze, Glückauf!" oder „Herr Müller, auch ich gratuliere Ihnen herzlich" haben sich in ihrer zeitlosen Schönheit besonders bewährt. Und je mehr davon auf den gerade Gewählten einprasseln, umso geschmeichelter kann er sich fühlen: Viel Freund, viel Ehr. Wollen Sie diese Peinlichkeit in ihrer Wirkung verdoppeln, reicht es schon, den Namen des Geehrten nicht korrekt zu schreiben. Nein, wirklich: Wahl-Glückwünsche sind wie Grußkarten zu Weihnachten oder Ansichtskarten aus dem Urlaub: absolut entbehrlich.

71

Unter die Rubrik „Es ist alles gesagt, aber noch nicht von jedem“ fallen alle Proklamationen des Entzückens. Haben Sie zum Beispiel gerade in der Videokonferenz einen Imagefilm gezeigt bekommen und ist dieser von einer hinreichend großen Zahl an Teilnehmern schon für gelungen befunden worden, sollte Sie das nicht davon abhalten, auch Ihr Urteil in den Gruppenchat zu stellen. Wer schreibt, der bleibt, heißt es – und nur wer im Chat auftaucht, der wird auch gesehen. Kurze Ausrufe wie „sehr guter Film“, „toll, weiter so“, „superklasse“ oder Ähnliches reichen völlig aus, um bleibende Spuren im Netz zu hinterlassen. Mir freilich schlägt dieser elektronische Exhibitionismus gewaltig aufs Gemüt: Was gesagt ist, braucht nicht mehr wiederholt zu werden. Schweigen gilt – auch im Internet – als Zustimmung.

72

Noch ein letzter Kommunikationstipp, vor allem für die älteren Semester: Falls es Ihnen zunehmend schwerfällt, Ihre Gedanken zu ordnen oder den roten Faden Ihrer Rede wiederzufinden, tun sie es der Generation Y gleich und bauen Sie lange Kunstpausen ein, in denen Sie sich innerlich sortieren, das gerade Gesagte erst einmal sacken lassen, für alle wahrnehmbar im Geiste abhaken und diese Selbstvergewisserung durch ein leises Nicken und ein an sich selbst gewandtes „genau“ bestätigen, bevor Sie sich wieder Ihrem Publikum zuwenden. Dieses schlichte Wörtchen „genau“, dutzendfach in einen einfachen Vortrag eingestreut, kann jeden Zuhörer in höchste Verzückung versetzen. Denn so nimmt das mitfühlende Publikum in Echtzeit am mühsamen Abspulen des gerade erst memorierten Wissens teil und entwickelt treusorgende elterliche Gefühle für die sich aufrichtig mühende Kreatur, die gerade ihre ersten Karrierestufen erklimmt.

73

Eine Anmerkung zur Sprache der Jugend noch: Möchte man mit den eigenen Kindern, Studenten, Hospitanten oder Berufseinsteigern kommunizieren, muss man bedenken, dass gewisse Wörter nicht mehr zu deren Sprachschatz gehören: zu deutsch, zu direkt, einfach zu altbacken. Um verstanden zu werden, zumindest um sich verständlich zu machen, muss man also tradierte Begriffe ins Polyglotte transformieren, auch wenn man sich damit auf sprachliche Stelzen begibt: Genügte es früher zu fragen: „Was denkst du darüber?“, lautet heutzutage die korrekte Formulierung: „Möchtest du deine Eindrücke mit mir teilen?“ Geteilt werden übrigens nicht nur Meinungen, Ideen oder Ansichten, sondern auch ganz gegenständliche Dinge wie zum Beispiel Bildschirme, der Veggie-Wrap oder der Chai Latte. Banale Fragen wie „Lässt du mich mal draufschauen?“, „Darf ich mal abbeißen?“ oder „Kann ich einen Schluck davon trinken?“ sind anachronistisch und in den gesellschaftlichen Hotspots der urbanen Elite verpönt. Selbst die bekannte Autovermietung Robben und Wientjes sah sich gezwungen, dem Zeitgeist zu folgen und ins Englische hinüberzuwechseln: „Miet die Robbe!“ – diesem Befehl sind Generationen von Umzugswilligen gerne gefolgt. Inzwischen kommt selbst dieser Appell nicht mehr ohne Anglizismus aus, auch wenn die Sprache dadurch vergewaltigt wird: „Share die Robbe.“

Mag ja sein, dass die Welt zum Dorf geworden ist. Sprachlich ist sie allemal geschrumpft, wenn die kontemplative Muße der Römer auf ein Chillen herabgesetzt wird, wenn die Zwischenmahlzeit zum Snack verkommt, wenn Speisen und Getränke nicht mehr mitgenommen werden können, sondern *to go* über die Ladentheke wandern – einmal ganz abgesehen davon, dass Kaffee, wenn er aus Pappbechern getrunken wird, abscheulich schmeckt. Doch es gib auch Trost, wie ein Blick nach Berlin verrät, dessen in Friedrichshain und Kreuzberg beheimatete Subkulturen hier stilbildend sind: So lange die „Spätis" noch nicht „Lateys" heißen und selbst ein linksrotgrüner Senat keine „Share-Preisbremse" beschließen will, ist noch nicht alles verloren.

PS: Müsste Martin Luther heute das Lukas-Evangelium übersetzen, stünde dort nicht mehr der kristallklare Satz: „Und er nahm das Brot, dankte und brach's und gab's ihnen und sprach: Das ist mein Leib, der für euch gegeben wird; das tut zu meinem Gedächtnis." Es klänge ungefähr so: „Er nahm das Brot, fragte seine Follower, ob sie diesen Snack mit ihm sharen wollten, und sagte: Es wäre echt nice, wenn ihr nachher die Fotos davon in eurer Gruppe posten und diesen chilligen Mega-Event hier liken könntet."

Coronaregeln

74

Ich gebe zu, die Anweisung klingt komplex und missverständlich: Wer keinen Mindestabstand von 1,50 Metern einhalten kann, muss eine Mund-Nase-Bedeckung anlegen. Viele sind dieser doppelten Herausforderung nicht gewachsen: zunächst die korrekte Distanz zum Nebenmann zu bestimmen und dann noch durch den korrekten Sitz der Gummibänder sicherzustellen, dass sowohl das Sprech- als auch das Riechorgan bedeckt wird. Anderthalb Meter sind fürwahr keine gebräuchliche Messgröße. Warum muss sich die Politik immer so kompliziert ausdrücken? Viel einfacher wäre es gewesen zu sagen: Ein Bett oder ein Schreibtisch müssen dazwischen passen – und zwar längs, nicht quer. Das hätten alle Bürger sofort verstanden. So aber halten sich die Eltern brav an die Abstandsmarkierungen auf dem Boden, während ihre Kinder um Haaresbreite an allen Wartenden vorbeitoben. Und so überwacht jeder vorbildliche Baumarkt oder Lebensmittel-Discounter durch speziell geschultes Sicherheitspersonal, dass Kunden mit Maske und Einkaufswagen ausgestattet sind und in gebührender Distanz den Laden betreten – um sich dann dicht an dicht durch die Gänge zu quetschen oder Schulter an Schulter um die letzten verbliebenen Hygieneartikel zu balgen.

75

Das Anlegen der Gesichtsmaske ist nicht nur ein komplexes Unterfangen, sondern überhaupt eine ziemliche Zumutung. Wenn die Ausbreitung des Coronavirus nur durch so radikale Sicherheitsvorkehrungen eingedämmt werden kann, dann sollte man auf diese Prävention lieber ganz verzichten. Nicht ohne Grund werden so herausfordernde Schutzmaßnahmen gemeinhin nur einfachen Professionen wie Ärzten und Krankenschwestern, Feuerwehrleuten oder Putzfrauen auferlegt, die wahrlich keine anstrengenden Arbeiten auszuführen haben. Wir mühseligen und beladenen Schreibtischtäter dagegen sollen unseren Atem sogar beim bloßen Spazierengehen filtern oder beim ersten jungfräulichen Shoppen nach der Krise? Das ist wirklich zu viel verlangt! Die gedämpfte Stille, die durch das Sprechen hinter Stoff oder Zellulose entsteht, tut ihr Übriges, um die gespenstische Situation zu verstärken: So nicht! Deshalb reißen wir uns das bunte Stück vom Gesicht, sobald wir das Restaurant betreten haben, und rücken dicht an dicht zusammen. Wie lautet doch die Parole: Nur gemeinsam werden wir die Krise meistern.

76

Was Altkanzler Kohl einmal als „Gnade der späten Geburt" bezeichnet hat, stellt in der Coronakrise einen veritablen Nachteil dar: Uns fehlen die Vergleiche mit wirklich harten Zeiten. Und so sprechen Politiker ohne Schamesröte im Gesicht vom „Krieg gegen das Virus", wenn es bloß darum geht, ein paar Tage lang nicht das Haus zu verlassen, und die Medien flankieren dieses martialische Gehabe, indem sie jeden Couchsurfer zum Alltagshelden adeln, weil er dem in ihm brodelnden Partyfieber widersteht und sich ein paar Wochenenden lang zwischen gehamsterten Klopapierrollen und Tütensuppen mit Netflix sediert. Selbst die wirklich systemrelevanten Verkäuferinnen, Lastwagenfahrer, Regaleinräumer oder Nahrungsmittelproduzenten machen in der Pandemie nichts anderes als sonst: einfach ihren Job. Zugegeben, mit einem größeren Gefährdungsgrad. Aber richtig im Feuer stehen eigentlich nur Polizisten, die gewalttätige, maskenfreie Querdenker-Demos auflösen müssen, oder Pflegekräfte, die sich Tag und Nacht im kräftezehrenden Schichtdienst auf den Intensivstationen um Schwerstinfizierte kümmern. Hier erbarmte sich die Politik denn auch und lobte regierungsamtlich drei- bis vierstellige Coronaprämien aus, steuerfrei! Leider vergaß sie in der Eile, den Kliniken auch das dafür nötige Geld bereitzustellen: Wir sind wahrlich ein Volk von Helden!

Am Smartphone

77

In grauer Vorzeit musste man sich einen Münzfernsprecher suchen, wenn man anderen Menschen von unterwegs etwas mitzuteilen hatte. Mit der Erfindung der ersten Mobiltelefone hingegen konnte man seinem Redefluss zumindest überall dort freien Lauf lassen, wo die dürre Teleskop-Antenne etwas Empfang versprach. Das Auto war damals der beliebteste Ort, um seinen kommunikativen Reichtum zur Schau zu stellen: Das Privileg, während der Fahrt zu telefonieren, entfachte nicht nur innigen Neid bei allen Vorbeiziehenden; das Handschuhfach oder die Mittelkonsole waren auch ein geeigneter Platz, um den pfundsschweren Knochen nach dem Telefonat einigermaßen sicher zu verstauen.

Seit es aber Smartphones mit drahtlosen Kopfhörern zu erschwinglichen Preisen gibt, ist die Welt eine andere und das Handy zu einem treuen Begleiter in allen Lebenslagen geworden. Gerade die jüngere Generation scheint mit dem Gerät physisch verwachsen; selbst wenn sie es nicht in der Hand hält, ist sie via Bluetooth untrennbar mit ihm verbunden.

Und diese heilige Einheit gilt es unter allen Umständen zu wahren. Denn nur sie macht Multitasking möglich: Eigens Zeit nehmen für ein Telefonat – wo kämen wir denn da hin? Erst essen und dann telefonieren – wie viel kostbare Zeit ginge da verloren? Kurz aus der Kneipe rausgehen, um besser zu hören und gehört zu werden – da müsste ich ja für ein paar Minuten auf den coole Groove verzichten, der im Hintergrund tönt!

Nein, das Telefon ist ganz sicher nicht zum Miteinander-Reden da. Sonst bräuchte man ja keine Sprachnachrichten, Mailboxen, Whatsapp-Gruppen oder Instagram-Stories. Wie arm wäre unsere Welt, wenn wir direkt miteinander kommunizierten, so wie früher; wenn wir gleichzeitig miteinander sprächen, so dass man sich ins Wort fallen, nachfragen, Ausrufe des Entzückens oder des Entsetzens einstreuen oder auch nur – *horribile dictu!* – mitfühlend schweigen könnte. Aber nein: Das Telefon und Sie – da ist zusammengewachsen, was zusammengehört.

78

Man darf sich nicht nur keine Zeit nehmen für ein Telefonat, man darf auch nicht wissen, was man sagen möchte! Auch diesen zweiten Grundsatz gilt es unbedingt zu beherzigen, wenn moderne Kommunikation gelingen soll.

Nur hoffnungslose Romantiker denken versonnen an die Zeiten zurück, als eine Handvoll *gettoni* darüber entschied, wie lange das italienische Münztelefon die Verbindung in die teutonische Heimat aufrechterhielt. Zeiten, in denen der metallische Reichtum bloß für ein paar stakkatohaft herausgepresste Wortfetzen reichte („Gut angekommen, Zimmer sauber, Wetter gut, Essen reichlich, morgen erstmals Strand") und die Antwort bis zum nächsten Anruf warten musste. Ja, damals brauchte man einen Plan, wenn man telefonieren wollte, und man brauchte eine klare Botschaft.

Das ist inzwischen alles passé. Heutzutage haben alle, die Sie mit Ihrem Anruf beehren, unendlich viel Zeit und Lust, Ihnen zuzuhören. Kosten Sie diesen Luxus aus – unbegrenzt. Lassen Sie Ihr Gegenüber in Echtzeit miterleben, wie Sie Ihre zerstreuten Gedanken sammeln und ordnen.

Lassen Sie es live dabei sein, wie Sie gerade einen Döner bestellen oder im Baumarkt nach einer besonderen Silikondichtung fragen.

Gönnen Sie ihm auch einmal längere Pausen, denn etwas Entschleunigung im sonst so hektischen Alltag tut gut und kann Wunder wirken. Sie werden sehen: Nach dem Ende Ihres mehrstündigen Telefonats wird all das, was er währenddessen dringend hätte erledigen müssen, Ihrem Gesprächspartner deutlich schneller von der Hand gehen – so viel positive Energie hat er in einem einzigen Telefonat mit Ihnen getankt!

79

Bisweilen entfaltet die Verbindung, die am Telefon zwischen zwei Menschen entsteht, magischen Charakter. Je enger und geheimnisvoller die Bande sind, die so über Hunderte von Kilometern hinweg durch den Äther geknüpft werden, umso inständiger bitten die verträumten Seelen am Ende der Leitung, dass diese heilige Verbindung niemals abreißen möge – was sie aber regelmäßig tut, sobald sich das Auto oder das Zugabteil wieder einmal durch ein Funkloch bewegt.

Es ist erschütternd, mitzuerleben, wie nun beide Seiten hektisch beginnen, den jeweils anderen anzurufen – um dann gegenseitig feststellen zu müssen, dass beim anderen besetzt ist, wieder und wieder. Also warten Sie, um dem anderen den Vortritt zu lassen, doch ... um Sie herum ist nur Stille. Ist sein Handy kaputt? Der Akku leer? Das Guthaben aufgebraucht? Hat er vielleicht keine Lust mehr, mit Ihnen zu reden? Während Sie sich martern, geht es ihm nicht anders: Auch er wollte Ihnen den Vortritt lassen und wird nun von Zweifeln geplagt. Also greifen Sie erneut zum Handy, drücken die Wahlwiederholung ... und hören wieder das Besetzt-Zeichen, weil Ihr Gegenüber es Ihnen ein weiteres Mal gleichtut. Dieses Spiel kann sich noch über Stunden hinziehen – es sei denn, Sie beherzigen eine einfache Regel: Wer angerufen hat, ruft wieder an. Wer angerufen wurde, hält die Finger still. Sie werden sich wundern: Es funktioniert.

80

Das Mobiltelefon spricht mit dem Angerufenen, selbst wenn Sie gerade schweigen. Achten Sie also auf alle Hintergrundgeräusche, die Sie entlarven und bei Ihrem Gegenüber unterschiedliche Gemütszustände hervorrufen können: Wird das Gespräch von der aufdringlichen akustischen Ermahnung untermalt, den Sicherheitsgurt anzulegen, lässt das am anderen Ende der Leitung einigen Zorn aufkommen, wohingegen das Brummen der elektrischen Zahnbürste dort eher verständnislose Konsterniertheit auslöst; das elektronische Piepsen, während Ihre Einkäufe an der Kasse gescannt werden, trägt dagegen wieder zu nervöser Gereiztheit bei. Setzen Sie diese Mittel gezielt ein, um ihr Gegenüber in die richtige Stimmung zu bringen. Sie wissen ja: Reden ist Silber, Schweigen ist Gold.

81

Das Telefonieren während des Autofahrens erfordert höchste Aufmerksamkeit – auf beiden Seiten: Während sich der in seinen Redeschwall vertiefte Fahrzeuglenker auf das Gespräch *und* den Verkehr konzentrieren muss, gilt es für den Angerufenen, mit detektivischem Spürsinn herauszufinden, wann die Philippika der Fahrers den Adressaten wechselt. Je heftiger der Erzählfluss ist und umso weniger verdächtige Pausen er enthält, die eine kurzzeitige Abgelenktheit suggerieren, umso länger bleibt im Unklaren, wer gemeint ist. Erst eindeutige Kommandos wie „Nun bieg endlich ab, du Idiot!“ sorgen am anderen Ende der Leitung für die beruhigende Gewissheit, dass dieser Kraftausdruck ausnahmsweise jemand anderem gilt.

82

Die junge Generation ist nicht nur physisch, sondern auch psychisch untrennbar mit ihrem Smartphone verbunden. Unvergessen ist die Szene, als eine Freundin meiner Tochter mich bat, einige Aufnahmen mit meinem Handy zu machen und ihr diese Fotos dann zuzusenden. Mein zarter Hinweis, dass sie dafür doch ihr eigenes Handy nutzen könnte, prallte an ihr ab: Sie habe keinen Speicherplatz mehr. Als ich insistierte und oberlehrerhaft vorschlug, sie könne ja einige alte Fotos aus dem Speicher löschen, um Platz für neue Bilder zu haben (ich selbst würde übrigens auch nicht anders verfahren), konterte sie mit aufrichtiger Empörung: „Ich kann davon nichts löschen. Mein ganzes soziales Leben ist da drin!“

In der Tat: Das Smartphone mit seinem fast unbegrenzten Erinnerungsvermögen nimmt uns nicht nur das Auswendiglernen wichtiger Telefonnummern ab oder das Archivieren wertvoller Fotos. Es ist das Medium, mit dessen Hilfe sich die junge Generation Zugang zur Welt um sie herum verschafft. Sie nimmt die Welt nur noch durch das Objektiv des Smartphones wahr, und die Welt betrachtet und bewertet umgekehrt auch sie nur noch durch die Geschichten, die mit der Kamera erstellt und dann elektronisch optimiert oder verfremdet werden.

Wie verstörend war es für mich mitzuerleben, wie drei adrette Mädchen sich, nachdem sie zu einem im Wald gelegenen See gewandert waren, der sich aus einem Wasserfall speiste, sofort vor dieser Kulisse postierten, das Make-up, den Schwung ihrer Haare und den Sitz ihrer Kleider prüften, und als Erstes ein Beweisfoto von sich aufnahmen. Der Wasserfall war nur Hintergrund für ein Selfie, die Wanderung bloß der Beleg für eine sportlich-aktive Freizeitgestaltung.

Die Jugendlichen inszenierten sich an diesem Ort, sobald sie angekommen waren, und sie verließen ihn, ohne ihn erlebt zu haben. Weder wollten sie wissen, wie kalt das Wasser war, noch verspürten sie den Wunsch, sich in den Sand zu setzen und einen Kieselstein in die Hand zu nehmen. Erst recht hatten sie kein Interesse daran, die Luft einzusaugen und die Stille dieses Ortes einzuatmen. Ihnen genügte die fotografische Bestätigung, dass sie da gewesen waren und dass sie in diesem für die Ewigkeit arrangierten Augenblick *bella figura* gemacht hatten.

So ist das heute: Man inszeniert sich selbst wahlweise vor urbaner Kulisse, in wildromantischer Natur, im stylishen Konsumrausch. Man überspielt seine Unsicherheit durch die Konstruktion einer virtuellen Kunstwelt und gaukelt anderen darin seine strahlende Existenz vor, weil man nur so glaubt, mit ihnen konkurrieren zu können. Und immer besteht das Ziel allein darin, von jenen gelikt zu werden, die – nicht anders als man selbst – ihr wahres Ich verbergen und sich zu bloßen Abziehbildern vor austauschbarer Kulisse degradieren. *O tempora, o mores!*

Im Restaurant

Wie froh können wir sein, dass dieser Sittenverfall noch nicht in die Restaurants vorgedrungen ist. Diese sind weiterhin eine Oase des guten Geschmacks und selbstverständlicher – und selbstverliebter – Lässigkeit:

83

Machen Sie als Ober oder Kellnerin den Restaurantbesuch für jeden verwöhnten Gourmet zu einem besonders nachhaltigen Erlebnis: Ziehen Sie den Genuss des Außer-Haus-Speisens dadurch in unerreichte Länge, dass Sie ähnlich scheu wie Prinzessin Diana ausgerechnet dann nach unten blicken, wenn der bestellfreudige Gast hilfesuchend den Augenkontakt zu Ihnen herstellen möchte. Satt und sauber – das ist nicht Ihres! Sie möchten das Restaurant zu einem wirklichen Ort der Begegnung machen, mit stilvoller Konversation am Tisch. Wie störend wäre es da, wenn Sie die mit knurrendem Magen Parlierenden ständig mit Ihrer fragenden Präsenz belästigten. Das Essen hat zu warten, bis die intellektuellen Bedürfnisse befriedigt sind. Schließlich ist die Vorfreude die größte Freude, wie der in solchen Dingen beschlagene Vicco von Bülow wusste. Doch achten Sie auf Warnsignale: Wenn ein Gast das Loriot'sche Bonmot „Kann ich *Ihnen* vielleicht etwas bringen?" bemüht, ist es mit dessen Geduld bald vorbei.

84

Halten Sie den Zeitpunkt für gekommen, den erwartungsfroh wartenden Gästen die Gläser zu füllen, tun Sie dies auf ebenso schwungvolle wie nachlässige Weise. Die achtlos versprenkelten Wassertropfen auf der frisch gemangelten Tischdecke gehören ebenso zum guten Ton wie gelegentliche Rotweinspritzer direkt neben das Glas. Als qualifiziertes, meist männliches Bedienpersonal, noch dazu süditalienischer Abstammung, haben Sie Wichtigeres zu tun, als sich den spießigen Bedürfnissen Ihrer auf Sauberkeit bedachten Gäste zu widmen. Nonchalant sehen Sie über kleinere Missgeschicke hinweg und machen sich über liquide Verluste keine Gedanken. Wer bei Ihnen speist, ist gewohnt, aus dem Vollen zu schöpfen. Auch für Wasser und Wein gilt: *panta rhei* – alles fließt.

85

Geht es an die Auswahl des Essens, halten Sie sich nicht mit Nebensächlichkeiten wie der Abendkarte auf. Viel wichtiger ist, was der Küchenchef heute Morgen frisch auf dem Markt erstanden hat und nun teuer unters Volk bringen will. Bauen Sie daher vor dem eingeschüchterten Gast eine mannshohe Schiefertafel auf, die wegen der Authentizität einige kleine Rechtschreibfehler enthalten sollte, und lassen Sie ihm die Qual der Wahl. Treffsicher wird er genau das Gericht auswählen, das leider gerade ausgegangen ist. Geben Sie dem Gast – mit einem gehüstelten Kompliment für seinen guten Geschmack und aufrichtigem Bedauern für die Unpässlichkeit der Küche – eine zweite Chance. Das versetzt ratefreudige Besucher in eine echte Quiz-Stimmung. Die Ungeduldigen und Hungrigen dagegen werden beim nächsten Mal viel früher in Ihrem Lokal erscheinen, um sich die Speise ihrer Wahl zu sichern, was Ihnen wiederum einen zeitigen Feierabend beschert. Sie sehen: Am Ende gibt es nur Gewinner.

86

Zugegeben: Es gibt auch Gäste, die in ihrem lässigen Auftritt dem Ober nicht nachstehen und so dem Abend eine eigene Würze verleihen. Es ist kinderleicht, dieses Verhalten zu erlernen: Konzentrieren Sie sich während der angeregten Konversation, die Ihnen der freundliche Ober ermöglicht hat (richtig: Ziffer 83), intensiv auf den Austausch mit Ihren Tischnachbarn. Ignorieren Sie geflissentlich die Speisekarte, die man Ihnen schon vor geraumer Zeit untergeschoben hat. Und schrecken Sie, wenn der freundliche Ober endlich seine Bereitschaft zur Aufnahme der Bestellung signalisiert hat, überrascht auf: Nein, einen Blick in die Karte haben Sie natürlich noch nicht werfen können, so vertieft waren sie in die guten Gespräche am Tisch. Geloben Sie, dies unverzüglich nachzuholen, und legen Sie dann rasch wieder die Karte beiseite. Es wäre ziemlich unhöflich, die angeregte Konversation nur wegen einer schnöden Bestellung zu unterbrechen – auch wenn allmählich Ihre Tischnachbarn unruhig werden und Sie nicht mehr zweifelsfrei verorten können, ob das Knurren tatsächlich nur aus deren Magen kommt.

Sie freilich lassen sich durch solche akustischen Signale nicht aus der Ruhe bringen, sondern steuern geradewegs auf den Höhepunkt des Abends zu: Ihre Bestellung! Viel zu leicht wäre es, einfach eines der aufgelisteten Gerichte auszuwählen. Das ist bloß etwas für Anfänger. Sie dagegen holen zunächst beim unruhiger werdenden Ober Erkundigungen ein: Was verbirgt sich hinter diesem Namen und jenem Gericht? Servieren Sie den Fisch schon filetiert? Sind die Gnocchi hausgemacht? Ist das Gemüse frisch?

Während die Spannung aller Beteiligten ins Unermessliche steigt, haben Sie nun zwei Möglichkeiten, den Schlussakkord zu setzen: Entweder lassen Sie den Ober noch ein Weilchen zappeln, während Sie seine unzureichenden Antworten auf all Ihre Fragen intensiv überdenken, und entscheiden sich dann ebenso unvermittelt wie bescheiden gegen jede Extravaganz: „Ach, dann nehme ich einfach die Spaghetti alle vongole, einen gemischten Salat und ein Glas von Ihrem weißen Hauswein."

Oder Sie treiben es auf die Spitze und stellen sich Ihr Menü am Ende nach dem Baukasten-System selbst zusammen: „Also, ich nehme den Barsch, aber mit Salzkartoffeln statt mit Reis, das Gemüse hätte ich gerne auf einem separaten Teller und den Salat bitte ohne Tomaten, ach ja: und bitte nur glutenfreies Brot." So bleiben Sie vor dem sonst drohenden Hautausschlag geschützt – während an Ihrer Stelle jetzt der Kellner immer stärkere allergische Reaktionen bekommt.

87

Vermutlich sind es solche Gäste, die eine ganz andere Art von Kellnern hervorbringen. Diese unterscheiden sich deutlich von den oben beschriebenen Gentlemen alter Schule, doch wissen auch sie durch ihre einzigartigen Qualitäten dem Restaurantbesucher ein einmaliges Erlebnis zu verschaffen.

Möchten Sie in diesen Ober-Club aufgenommen werden, dürfen Sie alles haben, bloß eines nicht: Zeit. Überfallen Sie daher Ihre Gäste, noch bevor diese richtig Platz genommen haben, mit der Speisekarte. Überreichen Sie diese nicht etwa mit ritterlich-ausladender Geste, legen Sie das Menü auch nicht auf dem Tisch ab, sondern drücken Sie es den Gästen mit sanfter Bestimmtheit in die Hände, obschon diese eigentlich noch vollauf damit beschäftigt sind, die Handtasche über die Stuhllehne zu hängen oder die Serviette auf dem Schoß auszubreiten.

Kommen Sie nach wenigen Sekunden zurück und überraschen Sie die Gäste mit der bohrenden Frage, ob diese schon gewählt haben. Ein Nein quittieren Sie bitte mit indigniertem Gesichtsausdruck, eine Bitte um Aufschub mit menschlicher Kälte.

Haben Sie endlich die Bestellung im Kasten, ist es an der Zeit, sich von diesem nervtötenden Vorgang auszuruhen. Lassen Sie Ihre Gäste also ruhig etwas warten, bis Sie ihnen die lieblos auf die Teller geworfenen Gerichte servieren. Sobald Sie aber sehen, dass Ihre Gäste den letzten Bissen vertilgt haben, eilen Sie herbei und befreien diese vom nunmehr nutzlos gewordenen Geschirr und Besteck. Um keine Zeit zu verlieren, empfiehlt es sich, schon während des Abräumens die Frage nach dem Dessert zu stellen – richtig: und wieder indigniert zu reagieren, sollten die Gäste tatsächlich noch einmal einen Blick in die Karte werfen wollen.

Ein wahrer Meister Ihres Fachs sind Sie allerdings erst, wenn es Ihnen während des gesamten Abendmahls gelingt, einen solchen psychologischen Druck auf Ihre Gäste auszuüben, dass diese am Ende nur noch das Bedürfnis verspüren, sich durch ein großzügiges Trinkgeld von Ihrem beispiellosen Service freizukaufen.

88

Zum guten Ton gehört auch das Begrüßungsritual im Hotel. Es folgt strengen Vorgaben, die zwar sinnentleert sind, aber einer präzisen, in allen Hotelketten identischen Dramaturgie folgen. Spulen also auch Sie beim Einchecken eines Gastes an der Hotelrezeption freudlos Ihren Text herunter, der stets und ständig mit der Frage beginnt, ob der Gast eine gute Anreise gehabt habe. Warten Sie nicht auf die Antwort, denn die interessiert Sie ja nicht. Welche Reaktion würde auch auf ein missmutiges „Nein“ erfolgen? Eine Entspannungsmassage aufs Haus oder wenigstens ein Gratis-Drink aus der Minibar? Wer keine Antworten geben kann, sollte gar nicht erst fragen.

Zu Hause

89

Kommen Sie abends aufgewühlt nach Hause, vergessen Sie bitte nicht, dem Partner Ihren gesamten Tag nachzuerzählen. Man hat sich so viele Stunden nicht gesehen, da möchte man doch wissen, was in der Zwischenzeit geschehen ist. Geben Sie alle Unterhaltungen, die Sie im Büro, beim Arzt oder in der Autowerkstatt geführt haben, wortwörtlich wieder, schildern Sie minuziös alle Einzelheiten – bei einer bloßen Zusammenfassung gingen zu viele Nuancen und Details verloren. Sagen Sie nicht: „Um fünf habe ich den Wagen abgeholt." Ein echtes Live-Feeling vermitteln Sie erst, wenn Sie es so ausdrücken: „Ich geh da rein und frage den Mechaniker – weißt du, das war so ein Neuer, ziemlich groß, den habe ich dort noch nie gesehen –, jedenfalls frage ich ihn: ‚Kann ich den Wagen abholen?' Du glaubst nicht, was passiert ist: Also während ich ihn so angucke, macht er doch ..." Spüren Sie, wie schon beim bloßen Zuhören die Spannung steigt?

90

Ein harmonisches Zusammenleben entsteht vor allem zwischen untadelig auftretenden und integer agierenden Mitmenschen. Schreiben Sie daher die Verantwortung für Missgeschicke, Missverständnisse und Missachtungen niemals sich selbst zu, sondern erkennen Sie mit klarem Blick, dass die Schuld im Grunde immer bei anderen zu suchen ist.

Es gibt so vieles, was Sie exkulpiert: Mal ist es die unverständliche Sprache, mal das nieselgraue Wetter, dann der üble Charakter Ihrer Mitmenschen, die historische Schuld eines Volkes oder der schnöselhafte, oberflächliche *Way of Life* in der angeblich schönsten Stadt der Welt. Drohen Sie, wenn Sie weder ein noch aus wissen, mit allem, wonach Ihnen gerade der Sinn steht; als besonders beliebt gelten der Gang vor den Kadi oder die schonungslose Enthüllung in der Presse. Bewahren Sie sich auf jeden Fall diese eruptive Aufgeregtheit, dieses spontane Echauffieren, denn das erst bringt die richtige Würze in jede Debatte. Wärme entsteht durch Reibung, das haben Sie verinnerlicht. Lassen Sie es also lustvoll in sich lodern, damit dieses innere Feuer nie verglüht.

91

Sind Sie auch physisch im Flow, achten Sie nicht auf das Drumherum. Bewegen Sie sich wie ein ferngesteuerter Zombie. Nichts kann Ihren Weg aufhalten. Sie verlassen einen Raum? Sollen doch die anderen die Türe hinter Ihnen schließen und das Licht ausmachen. Sie haben sich ein Brot geschmiert? Sollen doch die anderen die Krümel auflesen und das Messer wegräumen. Sie mussten sich entleeren? Sollen doch die anderen die Klobrille schließen, wenn sie den Blick in den Abgrund nicht ertragen.

92

Apropos Toilette: Hängen Sie eine neue Rolle unbedingt so auf den Halter, dass sich das Papier dicht an der Wand abrollt. So stoßen Sie nicht nur ständig mit Ihren

Fingerkuppen gegen die Fliesen, was der Durchblutung guttut, sondern das Blatt nimmt auch die an der Wand befindlichen Bakterien mit auf, die Sie dann unvermittelt Ihrem Allerwertesten zuführen. Wie langweilig wäre es doch, Sie hätten keimfreien Zugriff auf die vierlagig herabhängende Zellulose.

93

Schreiben Sie Klimaschutz groß und Ressourcenverbrauch klein. Haben Sie auf der Toilette das getan, was Kühe auf der Weide zu tun pflegen, schließen Sie diese Abgase unbedingt im Badezimmer ein. So gelangen sie nicht in die Atmosphäre, wo sie die globale Erwärmung noch weiter anheizen würden. Umgekehrt trägt keine hereinströmende Frischluft zur lokalen Verkühlung bei, und das hilft Ihnen, Heizenergie und Kosten zu sparen. Es grünt so grün, wenn Öko-Blüten blühen.

94

Lassen Sie beim Einkauf Ihrer ausgehungerten Phantasie freien Lauf und besorgen Sie alles, was Sie in der nächsten Woche kochen möchten, auf einmal im Voraus. Nichts geht über die Lust, sich das Menü tageweise aus den vorhandenen Vorräten zusammenzustellen! Haben Sie die Zutaten bereits im Kühlschrank? Egal, doppelt gekauft hält besser. Ist im Kühlschrank selbst nach kraftvollem Nach-hinten-Drücken und energischem Zusammenstopfen kein Platz mehr? Auch kein Problem: Freiräume schafft man sich schnell, wenn man die verdorbenen Lebensmittel entsorgt, die weiter hinten am Kühlaggregat ihr lukullisches Schattendasein gefristet und ihr Verfallsdatum weit überschritten haben. Der Vorteil: So werden Sie in einem auch den Schimmel und die Fäulnis los, die sich inzwischen im Gemüsefach ausgebreitet haben. Zwar nicht die billigste Methode, aber nach einer solchen Resteverwertung erstrahlt Ihr Kühlschrank in neuer Frische und Sauberkeit.

95

Recyceln Sie im Übrigen unbedingt alles, was sich noch ein weiteres Mal verwenden lässt: Benutzte Wäsche drapieren Sie am besten auf einem Stuhl oder hängen Sie ans Fenster – gut durchgelüftet dürfen Sie gerne am nächsten Morgen wieder hineinschlüpfen. Ein Stofftaschentuch lässt sich auch über viele Tage immer wieder benutzen. Und schmutziges Besteck sollten Sie nicht sofort der Spülmaschine überantworten, sondern es zunächst im Spülbecken zwischenlagern. Wer weiß, vielleicht wird es ja bald schon wieder gebraucht. Immer an Shakespeare denken: *A little water will clear us from this deed.*

In den Medien

96

Den Leuten Zeit lassen – wie schön wäre das! Doch unsere Medien sind hektisch. Das gehört zur DNA eines jeden Enthüllungsjournalisten: ständig auf 180 zu sein, angetrieben vom wilden Ehrgeiz auf eine schnelle, erst halbgare Schlagzeile. Deren Halbwertszeit interessiert nicht, deren Relevanz ebenso wenig. Deshalb hecheln eifrige Reporter jedem Treffen von Politikern hinterher, lauern ihnen hinter verschlossenen Türen auf, gieren wie nach einer Droge nach jedem blassen Papier, das von einer müden Redaktionstruppe ins Unfertige getippt wurde, lechzen nach dem ersten Tweet, der aus einer vertraulichen Sitzung seinen elektronischen Weg ins Freie findet. Sie fordern Antworten, bevor sich die Betroffenen sortiert, nachgedacht, beraten haben. Konrad Adenauer hatte noch Zeit, Briefe zu schreiben und im Garten des Kanzleramtes Boccia zu spielen. Sogar ein kurzes Schläfchen war drin. Wurde Deutschland damals schlechter regiert? Müssen Politiker innerhalb von Minuten und Sekunden reagieren, oder dürfen es auch einmal Stunden oder gar Tage sein? Die Qualität der Antworten und das Niveau der politischen Debatte würden darunter sicher nicht leiden.

Medien sollen informieren, erklären, erhellen, Zusammenhänge aufzeigen, durchleuchten, einordnen, Nachrichten prüfen und gewichten, aber sie sollen nicht hetzen. Sie sollen dort, wo es nichts zu berichten gibt, keine Übertragungswagen aufbauen und keine Sendeplätze blockieren.

Sie sollen niemanden belehren oder beeinflussen, sondern ihr Publikum durch unabhängige, sachliche Informationen, sorgsam recherchierte Berichte und exklusive Hintergründe in die Lage versetzen, sich ein eigenes Urteil bilden zu können. Und sie sollen Dinge, von denen die Welt kaum Notiz nimmt, nicht aufblasen, sollen nicht aus einer Mücke einen Elefanten machen, bloß um Nachrichten aus dem Tierpark vermelden zu können. Wenn kein Tross an umweltbewegten Bürgern Greta Thunberg auf ihrem Segeltrip zu den Vereinten Nationen begleitet, ist die Aktion auch keine Meldung wert. Und wenn eine Klausurtagung noch andauert, ist es vertane Zeit, vor verschlossenen Türen über mögliche Ergebnisse zu spekulieren.

Mir fällt dazu immer der mich erdende Ausruf eines früheren Kollegen ein, der meinen vierspaltigen Auftaktbericht zu einer Tarifrunde mit bestechend schlichtem Lob kommentierte: „Ein wunderbarer Artikel – jetzt nur noch einen ähnlichen Bericht, wenn die Tarifrunde vorbei ist, und dann fühle ich mich als Leser gut informiert."

97

Nicht besser informiert und oft nicht einmal gut unterhalten wird man von den allermeisten Privatsendern. Im Fernsehen wechseln sich allabendlich Kochevents, Gesangswettbewerbe, Model-Castings und Dating-Shows ab. Man erhält verstörende Einblicke in das Leben von Hartz-IV-Empfängern, Ausgewanderten, WG- oder Dschungelcamp-Bewohnern, Schönheitsoperierten oder Lkw-Fahrerinnen. Soll das wirklich ein Abbild der bundesdeutschen Bevölkerung sein? Richtig, dagegen gibt es ein einfaches Mittel: abschalten. Doch zuvor ist man innerlich errötet und auch ein wenig fassungslos ob der zur Schau gestellten Nacktheit von Körpern und der Leere an Geist.

Beim Sprechen

98

De gustibus non est disputandum – über die Schönheit der deutschen Dialekte dagegen lässt sich trefflich streiten. Dem einen imponiert das Ssneidig-Sssteife der Hanseaten, der andere schwärmt für das Urig-Bierzeltige der Bayern, wieder andere erbauen sich an der Berliner Schnauze, erfreuen sich am kehligen Gurren der Sachsen oder schwärmen für die herzliche Direktheit des Ruhrpotts. Mir freilich geht es um die Aussprache, und hier sind all jene unübertroffen, die die Sprache so hart nehmen wie das Leben selbst. Aus einem weichen D machen sie ein hartes T, das runde G mutiert zu einem knalligen K und das bauchige B zu einem spitzen P. Da klaupt man an Gott, betrachtet kroße Krisen klobal, trückt auf die Tube und geht krade mal beim Päcker Prot holen. Andere mögen das überhören oder vielleicht sogar mögen – meine Lauscher fühlen sich dadurch ziemlich tranksaliert.

Vor allem, wenn diese Misstöne in andere Sprachen hinein mäandern. Dass man eine USA-Korrespondentin öffentlich befinden lässt, eine bestimmte Aufgabe sei jetzt der Tschopp von Tscho Beiden, lässt mich verzweifeln: Gibt es wirklich keine Sprachlabore mehr?!

99

Es ist wahrlich eine große Freude für die Ohren, wenn teutonische Zeitgenossen in fremden Zungen zu parlieren versuchen. Im Laufe der Jahrhunderte haben sich hier bestechend einfache Regeln herausgebildet, die es einem ungeübten Deutschen auch ohne vorherigen Besuch der Dolmetscherschule erlauben, ein manierliches Fremdländisch zu intonieren. Damit sich verbale Überläufer französischer Provenienz in unserer Sprache heimisch fühlen, genügt es in der Regel schon, heikle Aussprache-Klippen durch ein breites A zu umschiffen. Mit einem bisschen Angaschmang steht jedem von Ihnen diese Schangse offen. Wenn die *Foie gras* allerdings als Foà-Gra prononciert wird, droht für ungeübte Ohren die Stopfleber zu einem Potenzmittel zu mutieren.

100

Italienische Laute sind ebenfalls leicht einzudeutschen, meist reicht dafür ein „Tschi“ an der richtigen Stelle. Bezeichnen Sie die Kartoffelklößchen nicht als Njokki – das ist zwar korrekt, aber mutet doch irgendwie finnisch an. Bleiben Sie lieber beim vertrauten Gnottschi, und lernen Sie, mit diesem „Tschi“ ganze Sätze zu bilden: Lassen Sie sich vom Tschianni zu den Gnottschi ein wenig Tschiabatta-Brot bringen und zum Dessert noch ein Strattschiatella-Eis – alles immer mit einer fetten Betonung auf dem „i“. Haben Sie diese Lektion erst einmal verinnerlicht, gehen Ihnen auch die Schpagetti und der Ekspresso ganz leicht von den Lippen, und dem nächsten Sommerurlaub im Land, in dem die Zitronen blühen, steht zumindest sprachlich nichts mehr im Wege.

101

Das Kapitel über Sprache und der Ärger über Mitmenschen wäre unvollständig, wenn zum Schluss nicht noch die Vergewaltigung des Deutschen durch Schräg- und Unterstriche, Doppelpunkte und Gendersternchen angemessene Würdigung erführe. Man kann ja argumentieren, die Grammatik und das sog. generische Maskulinum, das seit jeher die weibliche Form einschließt, seien das eine, die bei den Rezipienten mitschwingenden Bilder das andere. In der Tat denkt man bei Verbrechern nicht zwangsläufig die Verbrecherinnen und bei Busfahrern nicht zwangsläufig die Busfahrerinnen mit. Doch die vermeintliche Lösung schafft neue Probleme. Der Rückgriff auf das Partizip führt in die Irre, denn Busfahrende sind alle Fahrgäste und nicht nur das Personal am Steuer. Und wenn der Busfahrer sich abends zu Hause vom anstrengenden Tag erholt, ist er immer noch ein Busfahrer, aber kein Busfahrender mehr. Auch Verbrechende klingt schräg und ist es auch. Will man deshalb zu „Verbrechen Begehende“ wechseln? Wieso wird der (männliche) Ansprechpartner besser, wenn man ihn durch die (weibliche) Ansprechperson ersetzt? Müssen sich dann nicht die Männer ausgegrenzt fühlen? Apropos fühlen: Wieso fühlen sich eigentlich die Diversen durch den Doppelpunkt inkludiert, aber durch den Unterstrich nicht? Und was macht das Gendersternchen mit unserer Gesundheit? Die Partner*innen klingt nach einem gehörigen Schluckauf. Deshalb den Doppelpunkt wählen, weil er von Vorleseprogrammen als kurze Pause, der Genderstern aber als mathematisches Zeichen interpretiert wird und man den Doppelpunkt deshalb besser mitlesen kann? Mag ja sein, dass der Satz „Jede:r Partner:in steht mit uns in engem Kontakt“ als barrierefrei eingestuft wird. Doch wenn wir zulassen, dass Ausdrücke wie „jeder Partnerin“ unkorrigiert über den Äther gehen, brauchen wir uns über Hörverständnis-, Lese- und Rechtschreibschwächen unserer Kinder keine Gedanken mehr zu machen. Am schlimmsten ist, dass dieser Schluckauf:sprech inzwischen sogar schon im öffentlich-rechtlichen Rundfunk angekommen und dort offiziell salonfähig ist. Nun gibt es kein Halten mehr, und wenn der Duden-Verlag – der weder normatives Recht setzt noch die deutsche Sprache pflegt, sondern bloß dem Volk auf's Maul schaut, was ihm zu Recht den Vorwurf der „normierten Willkür“ eingebracht hat – das alles dereinst zwischen seine gelben Buchdeckel gemeißelt haben wird, ist es für mich höchste Zeit, auszuwandern. Vielleicht dorthin, wo man sich noch um das Wissen und die Lernleistungen der nachwachsenden Generationen sorgt: nach PISA.